FOLIO JUNIOR/INTERNET AVENTURES

Titres parus dans la série
INTERNET AVENTURES

danger.com

1. Nom de code : Gemini 7
2. Meurtres dans le cyberespace
3. Destinataire inconnu
4. Le maître du cybermonde

@ Cybersurfers.

1. L'aventurier du Web
2. La cité virtuelle
3. Correspondant fantôme
4. Menaces en ligne

Internet détectives

1. S.O.S. sur le Net
2. Échec et Net
3. Tempête sur le Net
4. Cybercollège
5. Terreur sur le réseau
6. Le pirate du Web
7. Danger, Virus !
8. Connexion interdite

Fichier Edition Style Options Fenêtre Utilitaires Signets Aide

OUVRIR ENVOYER SUIVRE RÉPONDRE EFFACER ENREGISTRER IMPRIMER

Jordan Cray

Le maître du cybermonde

Traduit de l'américain
par Sabine Sirat

danger.com

FOLIO JUNIOR/GALLIMARD JEUNESSE

Titre original : *Hot Pursuit*
Edition originale publiée par Aladdin Paperbacks, 1997

Publié avec l'autorisation d'Aladdin Paperbacks,
une marque du département jeunesse
de Simon&Schuster, New York, N.Y.

Prologue

Courrier électronique crypté du 27 avril :

De : GuildMaster

A : JereMe, CircleK, WannaB, NancE, Topcat33, Komodo5, Hypertexte, SonoBoni, LuddMan, Dano50H, HiBob, Quark5

Objet : Caravane du millénaire

Ordre du jour de la réunion :

Pour la réunion (2 B @ bloc A/site 3), tous les membres actifs de la Caravane doivent formuler une nouvelle stratégie de recrutement et se préparer à en discuter. La liste des cibles potentielles sera examinée. Profil des cibles principales :

1. Jeunes (moins de trente-cinq ans, surdoués en informatique et multimédia)

2. Intelligents

3. Accès aux mots de passe ouvrant la porte des réseaux informatiques (hackers, programmeurs, ingénieurs réseau, responsables sécurité, etc.)

4. Difficultés à communiquer avec les autres et à s'intégrer dans la société

Marche à suivre :

1. Filature physique et électronique du sujet (pendant plusieurs semaines, si possible)

2. Ayez l'air aimable. Abordez-le en ami : parlez du temps qu'il fait ou des choses qui vous agacent (carte refusée dans un distributeur, bus en retard, etc.)

3. Rendez de menus services, faites plaisir (payez-lui un café, prêtez-lui un magazine, etc.)

4. Gagnez sa confiance

5. Exposez vos idées (préceptes de la Guilde présentés sous forme de questions philosophiques ou autres)

6. Recherchez son approbation (ne lui faites pas de discours ; utilisez des questions, évitez les grandes phrases).

7. Brisez ses défenses (il doit se sentir « aimé » : faites-lui des compliments, encouragez-le)

8. Éloignez-le de sa famille et de ses amis (affaiblissez ses relations avec les autres en lui offrant une meilleure alternative)

9. Ferrez le poisson (faites miroiter le pouvoir que la Guilde peut lui procurer)

* N'oubliez pas que vous avez tout votre temps ! Les étapes qui précèdent peuvent prendre quelques mois, quelques jours ou quelques heures seulement, selon la vulnérabilité du sujet.

* Agissez avec discernement.

* La Caravane est l'instance suprême,

* Sa puissance augmente avec chaque nouveau membre,

* Le maître mot, c'est l'amour,

* L'élimination des ennemis est nécessaire et dans l'intérêt de tous.

Courrier électronique crypté du 28 avril :

De : GuildMaster

A : JereMe, CircleK, WannaB, NancE, Topcat33, Komodo5, Hypertexte, SonoBoni, LuddMan, Dano50H, HiBob, Quark5

Objet : Résultats de la réunion

La réunion du 27 avril a permis de définir les points suivants :

Nom de la cible numéro un : RYAN CORRIGAN

Alias : Catcher80

Contact membre Caravane : JereMe

Support membres Caravane : Dano50H et HiBob

Assistance Caravane : Komodo5

Trouver et approcher le sujet,

Gagner sa confiance,

Échec non envisageable.

Vous avez un message !

De : Catcher80 (Ryan Corrigan)
A : Tous les cybercracks@cyberespace. com
Objet : Il était un gigaoctet...

En un an, il y a eu deux cent cinquante mille tentatives d'intrusion dans le système informatique du ministère américain de la Défense, et cent soixante-deux mille cinq cents d'entre elles ont abouti.

Saviez-vous que j'étais l'un de ceux qui ont réussi ?

Vous pouvez me traiter de pirate, de hacker. De zinzin d'informatique, d'excité du clavier, de gros nul. Peu importe. Si vous me demandez pourquoi je force les portes des systèmes informatiques, je vous répondrai : « Parce que j'en suis capable ».

Au lycée, je fais de la présence, c'est tout. J'ai réussi à me mettre à dos la plupart de mes professeurs. Sans doute parce que je leur fais remarquer que je suis plus intelligent qu'eux.

Le problème, c'est que je sais déjà que je suis admis à l'université, et que je n'ai qu'une hâte : me tirer de ce trou perdu au fin fond de la Caroline du Nord, et mettre le cap sur l'ouest, direction la Californie. Mais ma mère s'est mis dans la tête que je devais finir le lycée pour des raisons « d'intégration sociale ». Elle pense à des trucs comme à la cérémonie de remise des diplômes et au bal de fin d'année, autant de choses dont je me contrefiche.

Dès que j'ai su que j'étais pris, j'ai appelé la fac pour leur demander si j'avais absolument besoin du bac pour commencer les cours. Ils m'ont répondu que non. C'est là que j'ai élaboré mon plan.

Objectif : me faire renvoyer du lycée.

Rien de plus facile. J'ai pénétré par effraction dans l'ordinateur central du lycée et j'ai fait disjoncter tout le système électrique. Évidemment, le directeur n'a pas apprécié. Mais le journal local m'a appelé pour m'interviewer, et je me suis dit : « Pourquoi pas ? ». Malheureusement, je me suis un peu laissé aller et j'ai dit au journaliste que j'avais aussi piraté le système du ministère de la Défense. Et en plus, j'ai dévoilé mes projets d'avenir : inventer un système antiterroriste censé déjouer toutes les tentatives d'intrusion dans le réseau électrique national. Mais cet abruti de journaliste ne m'écoutait que d'une oreille (il était du genre allergique aux nouvelles technologies) et il a compris de travers. Il a écrit que j'avais déjà réussi à m'introduire dans le réseau électrique.

D'accord, j'ai peut-être un peu forcé la dose, mais je cherchais juste à retenir son attention !

Résultat : le lendemain, des policiers en civil venaient frapper à ma porte. Mais les ennuis ne faisaient que commencer. Je n'allais pas tarder à devenir le type le plus célèbre de la ville – et le cyberennemi public numéro un.

Et aussi la cible d'une bande de fêlés qui s'étaient promis de prendre le contrôle de la planète.

Vous pensez que j'exagère encore une fois ? Eh bien, lisez ce qui suit.

1 / Hop là !

– Du pain perdu ? a dit ma mère. Ce n'est pas ce qu'il y a de plus équilibré, mon coco.

– J'ai des myrtilles fraîches… ai-je répondu.

Elle a croisé les bras. Elle était en peignoir, et ses cheveux étaient tout aplatis d'un côté. Elle m'a regardé par-dessus ses lunettes.

– Continue.

– … et de la crème Chantilly, ai-je fait. De la vraie.

Elle a regardé le contenu de mon bol avec méfiance.

– Ce n'est pas un de ces trucs à base de soja, sans lait, sans crème, sans rien ?

– Non, non. C'est de la crème fraîche bien épaisse, pleine de matières grasses, ai-je promis. Et je l'ai battue moi-même.

Ma mère s'est laissée tomber sur sa chaise avec un soupir.

– D'accord, je te pardonne presque.

J'ai commencé à siffloter tout en versant les œufs battus dans la poêle chaude.

– Mais tu restes puni, a ajouté ma mère en levant son verre de jus d'orange.

Ouais, bon. On ne peut pas tout avoir. Peut-être qu'après avoir goûté le pain légèrement doré, gorgé d'huile, elle serait plus indulgente.

J'ai pris la spatule. L'odeur des œufs et du beurre fondu a empli la cuisine. Le pain perdu, c'est ma seule spécialité culinaire. Ma mère adore ça. Mais cette fois, j'avais vraiment dépassé les bornes, et je sentais que même le pain perdu aux myrtilles ne la ferait pas revenir sur sa décision de me priver de télé.

En faisant disjoncter le système électrique du lycée, j'avais fait très fort. C'était mon plus gros fait d'armes jusqu'à maintenant. Par exemple, quand on habitait Minneapolis – j'étais en troisième à l'époque – j'avais fabriqué de toutes pièces un type qui s'appelait Doug Weewe. Je l'avais inscrit à plusieurs cours, j'avais ajouté quelques allergies dans son dossier médical, je lui avais même collé une amende pour avoir rendu des livres en retard à la bibliothèque. Et je disais à mes petits camarades : « Hé, vous n'auriez pas vu Doug ? » ou alors « Il est vraiment sympa, ce Weewe ». Bientôt, Doug était connu dans tout le collège comme un type qui s'habille très à la mode et qui avale les Choco Krispies à même la boîte, comme s'il buvait du yaourt liquide. Melissa Manders, la fille la plus mignonne du collège, a raconté qu'elle était sortie avec lui l'année d'avant. Doug Weewe est devenu quelqu'un, sans que quiconque l'ait jamais vu.

Je m'apprêtais à le faire élire chef de classe, mais j'étais jeune à l'époque, et je n'avais pas envisagé toutes les données du problème. Puis ma mère a décidé qu'elle en avait marre de son travail de paysagiste – c'est vrai, à quoi ça rime d'être paysagiste à Minneapolis ? Il y a quinze mètres de neige onze mois sur douze ! Alors on a sorti la carte des États-Unis, on a fait « Chiquita Chiquita ! », c'est-à-dire qu'on a choisi une ville au hasard et qu'on a plié bagages.

Je suis sûr qu'aujourd'hui, trois ans après cet épisode, Doug Weewe continue à exister dans le trombinoscope de ce collège de Minneapolis. Champion d'échecs, boute-en-train, club des Futurs Fermiers américains. Sa devise : « A cœur marrant, rien d'impossible ». Son film préféré : *L'Homme invisible.*

Ha là là !

Mais fini le quart d'heure de nostalgie. Trois ans avaient passé, nous étions à Nullepart-City, en Caroline du Nord, et je m'étais mis dans une situation plus que délicate.

Ma mère a relu la lettre en soupirant.

– Espérons seulement que les agences de presse ne vont pas s'emparer de ton histoire, a-t-elle commenté. Sinon, on la retrouvera dans tous les journaux américains, et toute la planète viendra frapper à notre porte.

– Tu n'as pas envie de passer à la télé, maman ? lui ai-je demandé en retournant le pain dans la poêle.

Elle m'a jeté un regard en coin.

– Non.

– Tout le monde rêve de ça, ai-je insisté.

Je ne voyais pas pourquoi elle accordait autant d'importance à ce petit incident. Jusqu'à maintenant, on avait mené une vie plutôt mouvementée, alors une secousse de plus ou de moins..

J'ai promené la belle tranche de pain recouverte de myrtilles et de crème fouettée sous son nez. Je lui ai servi du café avec du lait chaud.

– Tu essaies de m'acheter ? a-t-elle dit en humant l'odeur du pain perdu et en brandissant sa fourchette.

Elle a goûté et elle a fait semblant de s'évanouir.

– Mmm, j'adore me laisser corrompre ! s'est-elle exclamée.

J'ai posé mon assiette et j'ai attrapé le sirop d'érable avant qu'elle finisse la bouteille. Je venais d'avaler ma première bouchée quand la sonnette a retenti.

Ma mère a plissé le front.

– Qui ça peut bien être ? Il est à peine sept heures et demie.

– Les croque-morts réunis ? ai-je suggéré.

Elle a reposé sa fourchette avec un sourire crispé. Puis elle a ajusté son peignoir et s'est dirigée vers la porte. J'ai laissé mon petit déjeuner pour la suivre.

Trois types en costume bleu marine se tenaient sur la véranda.

– Madame Grace Corrigan ?

La voix de ma mère est restée calme :

– Elle-même.

Le plus grand des trois a montré sa plaque.

– FBI.

Ma mère a agrippé fermement la poignée de la porte. Elle a eu un moment d'hésitation. Puis elle a ouvert la porte en grand.

– Je vous en prie, messieurs, entrez, a-t-elle dit d'une voix blanche.

Puis les types m'ont aperçu. Le grand m'a jeté un

regard bien trop sérieux pour une heure aussi matinale.

– Ryan Corrigan ?

J'ai hoché la tête. Je me suis rendu compte que j'avais encore ma fourchette à la main. Le sirop d'érable dégoulinait sur la moquette.

– Qu'est-ce que vous lui voulez ? a demandé ma mère en se retournant brusquement.

– Où est ton ordinateur, Ryan ? a repris le même type.

– Fichez-lui la paix ! s'est écriée ma mère.

– Madame, nous avons un mandat de perquisition.

– Pour quelle raison ? a-t-elle voulu savoir.

Elle avait les mains qui tremblaient. Elle les a enfoncées dans les poches de son peignoir.

– Qu'est-ce que vous recherchez ?

– Nous appartenons à la division chargée des délits informatiques, a répondu l'agent du FBI. Nous enquêtons sur votre fils.

Ma mère a émis un gémissement étouffé.

– Ryan ?

– Mon ordinateur se trouve dans ma chambre, ai-je dit en leur indiquant l'escalier. Mais le directeur du lycée m'a dit qu'ils renonçaient à porter plainte...

Ils ont fait comme si je n'existais pas et ils sont allés droit dans ma chambre. L'un des hommes a sorti un petit magnétophone dans lequel il a dit :

– Nous entrons dans la chambre du suspect.

Moi suspect ? Mais de quoi ?

Ma mère m'a regardé. Elle écarquillait les yeux derrière ses lunettes.

– Qu'est-ce qu'on fait ? a-t-elle murmuré.

J'ai baissé les yeux vers ma fourchette. J'ai léché le reste de sirop qui me collait aux doigts.

– On finit de manger ? ai-je proposé.

Ils ont emballé mon ordinateur et l'ont confisqué. Ils ont fait main basse sur mes disquettes, pris tous mes CD-ROM, l'un après l'autre, même l'encyclopédie et les jeux vidéo. Mes cahiers de cours, mes livres de science-fiction : tout est reparti dans des cartons.

Puis ils m'ont posé plein de questions : « Comment tu as fait pour accéder au réseau électrique national ? », « Combien de fois tu t'es introduit dans le système informatique du ministère de la Défense ? », « Quels sont les alias que tu utilises ? ».

– Tu as déjà correspondu avec Jeremy ?

– Jeremy ? ai-je dit. Jamais entendu ce nom-là.

– JereMe, a précisé le grand en épelant. C'est un alias. Et GuildMaster, tu es en contact avec lui ?

– Master quoi ?

Le grand m'a lancé son regard le plus intimidant, celui qui voulait dire : « C'est au FBI que tu parles ! ».

– On a ton disque dur, Ryan, a-t-il déclaré doucement. Ce serait idiot de ta part de ne pas vouloir coopérer.

– Mais je coopère...

– Et la Caravane, alors ? a demandé le grand.

– Qu'est-ce que c'est ? Un groupe de rock ? ai-je fait.

– La Caravane du millénaire, a-t-il précisé.

– Ah, je vois : un groupe de rock New Age.

Le grand a serré l'une contre l'autre ses lèvres fines.

– Est-ce que tu as pris contact avec ou été contacté par la Caravane du millénaire ?

Il a tendu le magnétophone dans ma direction.

– Non, ai-je répondu. C'est la première fois que j'entends ce nom.

– Est-ce que JereMe t'a déjà parlé de la Caravane ? a-t-il demandé.

Ils me prenaient pour un imbécile, ou quoi ? Je pensais qu'ils posaient des questions plus subtiles que ça, d'habitude.

– Je vous répète que je n'ai jamais entendu parler de ce JereMe.

– Je veux un avocat, a dit ma mère de but en blanc. Tout ceci va beaucoup trop loin.

– Votre fils pourrait être en prison à l'heure qu'il est, a rétorqué le grand.

– Je vous signale qu'il est encore mineur, a remarqué ma mère en se levant.

Elle devait être deux fois plus petite que son interlocuteur. Mais elle ne s'est pas laissé impressionner.

– Et je vous interdis de lui poser d'autres questions en l'absence d'un avocat.

Les hommes du FBI ont échangé des regards.

– Nous avons ce que nous voulons, a dit le grand. Pour l'instant.

– Nous reviendrons, a dit le plus petit.

– On vous attend avec impatience ! ai-je ajouté.

Ma mère m'a pincé le bras pour me faire taire. Les hommes en costume marine sont retournés dans leur camionnette, en emportant mon ordinateur avec tous ses logiciels dernier cri. Il y en avait pour une fortune.

Ma mère a refermé la porte et s'est laissée glisser sur le sol, où elle est restée assise. Les pans de son peignoir traînaient par terre.

– Oh, Ryan, a-t-elle dit. J'ai cru que…

Elle a mis ses bras autour de ses genoux et a penché la tête en avant. Elle a pris plusieurs longues inspirations.

– Ils étaient vraiment intimidants, ai-je admis. Je suis désolé.

J'avais envie de m'asseoir par terre à côté d'elle, pour la réconforter, mais j'ai préféré me percher sur une chaise. On n'était pas trop copains à cet instant précis. Elle devait m'en vouloir à mort pour tout ce que je lui faisais subir.

Quand elle a relevé la tête, j'ai vu qu'elle plissait le front. Mais ce n'était pas de la colère. C'était l'expression qu'elle avait quand elle réfléchissait.

– Changement de plan, a-t-elle dit en se frottant l'arête du nez.

– Qu'est-ce que tu veux dire ? ai-je demandé, inquiet.

Elle avait l'air tellement déterminé que ça faisait peur.

– Je te mets dans un avion pour la Californie, a-t-elle annoncé. Tu quittes la ville immédiatement.

– Mais maman… ai-je objecté. Tu as oublié que je suis puni ?

2 / Jusqu'au cou

Ma mère avait une crise de panique aiguë, et aucun de mes arguments n'a pu la faire changer d'avis. J'ai eu beau lui dire que j'avais trouvé un boulot au magasin d'informatique du coin pour l'été, qu'elle avait déjà versé une avance pour une semaine de vacances sur l'île Machintruc, ou encore que je n'avais rien fait de suffisamment grave pour risquer la prison, elle ne m'écoutait pas.

Elle se frottait le nez sans arrêt, comme chaque fois qu'elle est morte d'angoisse. Elle m'a dit d'aller faire mes bagages. Puis elle s'est assise à la table de la cuisine et a dressé des plans concernant mon avenir immédiat.

Elle a essayé de joindre quelqu'un en Californie et a laissé un message sur son répondeur. La personne a rappelé quelques minutes plus tard. Ma mère est allée s'enfermer dans sa chambre et a parlé longuement au téléphone. Je n'arrivais pas à entendre ce qu'elle disait. Je ne savais même pas qu'elle avait des amis en Californie.

– Mais bien sûr que si, a-t-elle dit après avoir enfin

raccroché. Je t'ai déjà parlé de Lily, on était au lycée ensemble. Il y a une chambre de libre chez elle. Elle habite une vieille maison de style victorien, je suis sûre que ça va te plaire.

– Si je comprends bien, cette femme que je n'ai jamais vue va m'héberger chez elle ?

– C'est juste pour l'été, a dit ma mère. Elle habite sur les collines, tout près de Palo Alto. C'est là que se trouve l'université où tu iras cet automne. Comme ça, tu découvriras la région. Elle a même une vieille Coccinelle qu'elle peut te prêter.

– Mais qu'est-ce que je vais faire tout l'été ? ai-je demandé.

Je me voyais déjà dans une grande maison isolée avec une dame âgée. Enfin, je ne devrais pas dire dame âgée parce que, si elle était allée au lycée avec ma mère, elle ne devait pas être beaucoup plus vieille qu'elle.

– Tu continueras à faire ce que tu fais ici, a-t-elle dit en haussant les épaules. Tu peux te trouver un petit boulot, par exemple. En plus, Lily travaille pour une de ces entreprises de haute technologie qui pullulent dans la région. Elle est plus calée que toi en informatique. Tu pourras te servir de son PC.

J'ai hoché la tête. Ça commençait à devenir un peu plus intéressant. Au moins, je serais connecté.

– Tu prends l'avion pour Los Angeles, a poursuivi ma mère. Lily viendra te chercher à l'aéroport, elle t'attendra à l'arrivée.

– Los Angeles ? Ce n'est pas un peu loin de San Francisco ?

– C'est le seul vol que j'aie pu trouver. Tu pars demain matin.

Je l'ai regardée avec inquiétude. On était en plein milieu de l'après-midi, et elle était toujours en peignoir. Ses cheveux n'étaient plus aplatis, mais complètement ébouriffés. Normal : elle n'avait pas arrêté de se passer la main dedans.

– Tu ne crois pas que tu y vas un peu fort ? ai-je demandé.

– Ces types m'ont vraiment déplu, a-t-elle répondu en croisant les bras. Tu n'as que dix-sept ans, Ryan. J'essaie de te protéger.

– Mais c'est le FBI, maman. Ils peuvent me retrouver en moins de deux, s'ils le veulent.

– Je ne pense pas qu'ils pousseraient le zèle jusque-là, a-t-elle dit en cherchant son porte-monnaie. Du moins, j'espère que non. Bon, il faut que je passe à la banque maintenant. On va payer ton billet en liquide.

– Tu ne crois pas que tu devrais d'abord aller te changer ? ai-je objecté.

Elle s'est regardée. Elle a souri pour la première fois de la journée.

– Qu'est-ce que je vais faire sans toi ?

– Tu vas te faire arrêter pour excès de pyjama ! ai-je dit.

Aussi loin que je me souvienne, ma mère et moi avons toujours été tous les deux. Mon père est mort dans un accident de voiture quand ma mère était enceinte de moi. C'est tragique, non ? Elle a été sacrément secouée, parce qu'elle a déménagé dans une autre ville. Puis, quand j'avais deux ans, on a déménagé à nouveau. Elle a dû y prendre goût, parce qu'après, on n'a pas arrêté.

J'ai fait neuf écoles différentes dans neuf États différents. Quand on change d'école aussi souvent, de deux choses l'une : soit on est très fort pour se faire des copains, soit on essaie même pas d'en avoir. J'ai choisi la deuxième option. Au bout d'un moment, on en a marre d'avoir constamment le sourire, d'attendre que les autres viennent vers vous, alors on s'invente peu à peu un air détaché. Puis le temps passe, et on se rend compte qu'on s'en fiche effectivement.

Tout le monde vous observe pour voir si vous correspondez aux critères qui définissent un type cool. Comme j'ai toujours été du genre grand et maigre, avec des cheveux blond-roux, une couleur impossible, vous imaginez facilement que je n'étais pas dans la norme.

Quand j'étais petit, je ne me rendais pas compte à quel point c'était bizarre de déménager tous les ans. Je croyais que c'était tout à fait normal de s'asseoir à la table de la cuisine, de commander une pizza et de sortir la carte des États-Unis. Je voulais toujours aller vivre dans des villes aux noms étranges qui ressemblaient à des noms de manèges par exemple. Ce n'était pas le choix qui manquait.

Plus les années passaient, moins j'étais doué pour la vie en société. Je n'étais pas vraiment « compatible », comme on dit en informatique. C'est alors que j'ai eu mon premier micro-ordinateur, et ça a été une grande découverte. Je me suis tout de suite bien entendu avec le matériel et le logiciel, et j'ai commencé à voir les gens comme des disques durs. Ça m'a aidé.

Mais ma mère avait tendance à paniquer quand je comparais les gens à des disques durs.

– Il faut que tu sortes de ta coquille, ne cessait-elle de répéter. Il faut que tu fasses confiance aux autres.

– La dernière fois que j'ai fait confiance à quelqu'un, c'est quand j'étais en cinquième, lui avais-je répondu.

Randy Pallidan m'avait proposé d'échanger les combinaisons de nos cadenas et de devenir mon meilleur copain. Comme un imbécile, j'avais accepté. Quand je suis allé dans les vestiaires à l'heure du déjeuner, ma combinaison était inscrite en gros caractères sur la porte de mon casier et toutes mes affaires étaient éparpillées sur le sol.

– Oh, mon chéri, m'a dit ma mère pas plus tard que l'autre jour. Tu ne seras pas toujours le nouveau, je te le promets. Et tout s'arrangera dès que tu seras à l'université. Tu verras, les goûts changent. Les filles aiment les garçons intelligents. Surtout à Palo Alto. Là-bas, les petits génies de l'informatique roulent en Porsche et ils ont toutes les filles à leurs pieds.

Ma mère faisait de son mieux pour me remonter le moral. Mais je n'étais pas très optimiste. Plus on attend de choses, plus on est déçu quand elles n'arrivent pas. Ma devise : « Ne faire confiance à personne. Voyager léger. »

– Ça veut dire que tu vas m'acheter une Porsche ? avais-je demandé.

Dès que ma mère est sortie pour aller à la banque, j'ai enfourché mon vélo. J'ai roulé dans les rues tranquilles, un peu au hasard, juste pour m'assurer que je n'avais pas les agents du FBI aux trousses.

En y repensant, je trouvais la situation totalement surréaliste. C'était comme si j'étais passé de l'autre côté de l'écran de télé et que je me retrouvais dans une de ces stupides séries policières. Moi, Ryan Corrigan, je me demandais si j'étais suivi !

C'est stupéfiant de voir avec quelle rapidité une vie normale peut basculer dans l'absurde. Dix secondes suffisent.

Quand j'ai été certain de ne pas être suivi, je suis allé au lycée. Les cours ayant commencé, je suis entré par la porte de derrière. En espérant surtout éviter Mme Dragon, la sous-directrice qui rôdait sans cesse dans les couloirs et qui portait bien son nom.

Je me suis rendu aux casiers, j'ai composé la combinaison du mien et j'ai ouvert la porte. J'ai poussé un grand soupir de soulagement. Mon portable était toujours là. Le FBI n'avait pas pensé à tout.

Je l'ai glissé dans mon sac à dos, et je suis sorti du lycée sans croiser qui que ce soit. Ça me faisait tout drôle de longer ces couloirs, de passer devant les portes de classes où je n'avais fait qu'entrer et sortir ces deux dernières années. J'ai aperçu les boucles blondes de Peyton Delaney à travers la petite fenêtre d'une des portes. J'avais été amoureux d'elle en première, mais elle m'avait traité comme un pestiféré. Burt McCallister était assis au dernier rang ; son visage était tout congestionné, comme s'il essayait de simuler une quelconque activité mentale. Un jour, au gymnase, il m'avait volé ma ceinture et s'en était servi comme lance-pierres pour projeter mes baskets sous la douche. J'avais passé trois heures en cours avec les pieds trempés, ce qui m'avait valu le surnom de Scouitch-Scouitch pendant un certain temps.

Bref, je n'allais pas regretter le lycée.

J'avais provoqué une panne du système électrique ? Ils avaient de la chance que je n'aie pas fait sauter l'établissement.

Je n'ai eu aucun mal à faire mes bagages. J'ai vidé les tiroirs contenant mes chaussettes et mes T-shirts directement dans une valise, puis j'y ai glissé un jean et des baskets. Je porterais mes chaussures de marche dans l'avion. Voilà, c'était réglé.

Puis j'ai branché mon portable et j'ai mis mon modem sous tension. Ma mère n'était pas encore rentrée. Elle devait être en train de m'acheter des pansements, des minidoses de dentifrice et de shampooing pour le voyage. Elle estime que le conditionnement en minidoses est l'une des plus grandes inventions de cette fin de siècle.

L'icône de ma boîte aux lettres a surgi dès que j'ai été connecté. J'ai cliqué dessus. J'avais un message de JereMe ! C'était l'alias à propos duquel les agents du FBI m'avaient cuisiné.

Étrange, non ?

Je suis resté assis une minute sans trop savoir quoi faire. Visiblement, JereMe n'était pas un quelconque internaute désireux de bavarder. Devais-je lancer mon logiciel de courrier électronique, ou non ?

Avec le cyberespace au moins, peu importe qu'on vous envoie des messages injurieux, qu'on vous provoque, qu'on cherche à vous intimider : vous êtes à l'abri. Tout ce que vous avez à faire, c'est d'éteindre votre ordinateur. Je ne risquais pas grand-chose en allant voir ce que JereMe avait à raconter. J'ai cliqué.

Ryan,

Allons bon. Premier truc bizarre. Comment JereMe connaissait-il mon vrai nom ?

Une fois que le FBI t'a dans le collimateur, tu es fichu.

OK. Deuxième truc bizarre. Comment savait-il que j'avais eu la visite du FBI ? C'était arrivé ce matin !

Tu as besoin d'un coup de main ? On est tous des fanas d'informatique par ici, et on cherche des gens comme nous. Si tu as besoin de notre aide, n'hésite pas à nous demander.

JereMe.

– Non, merci, ai-je dit à voix haute en supprimant le message d'un clic.

Comme si je n'avais pas déjà assez d'ennuis avec le FBI ! A ce moment-là, une fenêtre contenant un message éclair s'est affichée sur mon écran. Inutile de vous dire de qui ça venait. Je n'aurais pas dû cliquer dessus. Mais comme je l'ai déjà dit, on pense qu'on aura la possibilité d'éteindre sa machine si ça tourne mal.

– Écoute, je ne voudrais pas t'effrayer, mon pote, a écrit JereMe. Mais les types du FBI t'ont parlé de moi. Eh bien, à l'heure qu'il est, ils sont sans doute en train d'interroger quelqu'un d'autre à ton sujet.

Un point pour lui.

– Tu fais tes trucs dans ton coin, un petit peu de piratage, rien de bien méchant, et puis un jour, hop ! On te confisque tout ton matériel, on fiche en l'air toute ta belle configuration !

Je n'étais donc pas le seul dans mon cas.

– Je vois ce que tu veux dire, ai-je répondu. J'avais un système très musclé et parfaitement rôdé, et maintenant, les types du FBI doivent s'en servir pour jouer à des jeux débiles sur CD-ROM.

– Ouais, c'est du gâchis, a écrit JereMe. Le FBI commence à peine à entrer dans l'ère numérique. N'importe quel hacker en sait dix fois plus qu'eux. N'oublie jamais ça. Ils fonctionnent en mode analogique. Pas comme nous !

–Mais ce sont eux qui ont l'autorité, ai-je rétorqué.

– C'est exact. Mais le vrai pouvoir est du côté du savoir. Donc c'est nous qui l'emportons. Pense à ça, champion. Il y a plein de pirates à qui l'on mène la vie dure. Moi, je fais partie d'un groupe qui a décidé de ne pas se laisser faire. On ne fait rien d'illégal, on est malins, c'est tout. Il n'y a que des gens bien, et on te propose de te joindre à nous. Va faire un tour sur notre site Web : on est la Caravane du millénaire.

La Caravane du millénaire ! C'était le groupe dont m'avait parlé le FBI. Et si ce n'étaient pas de gentils hackers ? Si JereMe me racontait des histoires ?

– J'irai jeter un œil, ai-je tapé.

Ce qui revient à peu près à dire : « On se téléphone et on se fait une bouffe. »

– Super, a commenté JereMe. Bon, ce qu'on a retenu, c'est ton intrusion dans le réseau électrique national. Tu nous as épatés, et on n'est pas du genre à se laisser impressionner facilement. Ça t'ennuierait de nous fournir quelques précisions ?

– Il n'y a rien à raconter, ai-je rectifié. Le journaliste voulait doper les ventes. Il en a rajouté des tartines.

– OK, j'ai pigé. Tu as peur de me dire la vérité. Mais le FBI ne marchera pas, mon pote. C'est à un hacker que tu parles. J'ai moi-même été fureter dans pas mal d'endroits réputés difficiles d'accès. N'oublie pas l'éthique des hackers, mon pote : l'information, ça se partage. On est tous du même côté, non ?

– Je ne raconte pas de bêtises, ai-je écrit. Je me suis introduit dans pas mal de systèmes, mais pas dans celui-là.

– Ouais, c'est ça : tu t'es contenté du système électrique du lycée.

– Rien de plus, ai-je dit avec modestie.

– Je ne te crois pas. Le cyberespace, c'est comme le Far West. On est tous des pionniers sur cette nouvelle terre. Mais si on ne fait pas attention, il y aura bientôt des clôtures et des gardes partout. Dans un univers numérique, il ne doit pas y avoir de limites. Tu ne crois pas?

– Si, ai-je écrit. Montre-moi le pays où vivent les gigaoctets.

– Très drôle. Bon, quels sont tes faits d'armes, à part ça? Tu es déjà allé faire un tour chez les prestataires de services en ligne?

JereMe commençait à me faire peur. Je sentais qu'il essayait de me faire parler. Un drôle de frisson m'a parcouru la colonne vertébrale, comme si quelqu'un venait de se glisser dans la pièce et de me souffler dans la nuque.

– Holà, pas si vite! ai-je fait. On vient juste de faire connaissance. Je ne sais pas si je suis prêt à partager quoi que ce soit.

– Pas de problème. Je suis curieux, c'est tout. Bon, est-ce que tu as repéré des trucs bien au cinéma? Ils passent plein de films de science-fiction vers chez toi. Il y en a qui te semblent intéressants?

Tiens, tiens. On était en train de parler cinéma maintenant. JereMe essayait-il de me mettre à l'aise? Je trouvais cela de plus en plus inquiétant.

– Je ne suis pas très au courant des sorties récentes, ai-je menti. Mais je dois te laisser maintenant. J'ai été ravi de bavarder avec toi.

Je m'apprêtais à interrompre la connexion lorsque les mots de JereMe ont jailli sous mes yeux.

– OK, mais souviens-toi : on a des amis partout, si tu as besoin de nous. Même en Californie.

Aïe ! Troisième truc étrange ! L'article du journal disait que j'allais entrer à l'université, mais il ne précisait pas dans quel État. En fait, je ne l'avais dit à personne. Il faut dire que ça n'intéressait pas grand monde.

De nouveau, j'ai ressenti une drôle de sensation.

Comment JereMe savait-il que je partais pour la Californie ?

3 / Il est temps de partir

– Tu es toujours là ? a tapé JereMe.

– Pourquoi tu fais allusion à la Californie ? ai-je demandé.

– Désolé de t'avoir fait peur. Mais entre agités du clavier, il faut s'entraider, mon pote. La vie dans le cyberespace, c'est la liberté absolue, non ? Je cherche juste à communiquer avec d'autres aventuriers du Net. Même si tu n'es pas un hacker assidu, tu ne te refuses pas un petit piratage de temps en temps.

– Faut vraiment que j'y aille, cette fois, ai-je tapé.

Mais la suite ne s'est pas fait attendre.

– Laisse-moi d'abord te convaincre que la Californie, ce n'est pas un endroit pour toi. Je t'expliquerai ensuite pourquoi je cherche à te convaincre. Notre caravane d'adorateurs du numérique a accès au répertoire racine de systèmes dont tu n'oses même pas rêver – mais c'est juste pour le plaisir, on ne fait pas ça pour l'argent ! Par exemple, prends la liste des personnes les plus recherchées par le FBI. Qu'est-ce que tu ferais si tu figurais parmi les dix premiers ? Tu n'essaierais pas d'effacer ton nom et le dossier qu'ils ont sur toi ?

J'ai eu du mal à avaler ma salive.

– Mais je ne suis pas sur la liste, ai-je écrit. Tout ce qu'ils voulaient, c'était me poser quelques questions.

– D'accord, le FBI ne t'a peut-être pas inscrit sur sa liste. Mais que se passerait-il si un autre groupe avait accès à leur répertoire racine ?

Comme je ne voyais pas du tout où il voulait en venir, j'ai tapé cinq ou six points d'interrogation.

– Je t'embête, mec, a répondu JereMe. Tu ne crois pas que ce serait chouette d'être le type le plus recherché des États-Unis pendant, disons, une journée ?

– Tu essaies de me dire que ta Caravane en est capable ? Que vous pourriez faire une chose pareille ? ai-je tapé en toute hâte.

S'il voulait me faire peur, eh bien c'était parfaitement réussi.

– Bien sûr que c'est dans nos cordes. Quant à savoir si on le ferait... je n'en sais rien. C'est pour ça que le cyberespace est plein de dangers. Il suffit qu'il tombe entre les mains de gens malintentionnés. Souviens-toi, le Far West.

J'avais la bouche sèche. J'ai pianoté sur mon clavier.

– Qu'est-ce que tu me veux ?

– Je veux juste que tu m'écoutes. Rien de plus. Pourquoi n'es-tu pas prêt à entendre ce qu'on a à te dire ?

– Parce que j'ai horreur des menaces, ai-je écrit.

– Hola ! Calme-toi, mon pote. Je ne te veux pas de mal.

Je commençais à en avoir marre de JereMe. Et je ne pouvais qu'être allergique à un type qui m'appelait « mon pote » à tout bout de champ.

Cette fois, j'ai interrompu la session sans lui dire au revoir. Ma main a cherché le bouton de mon ordinateur, et hop. Les mots de JereMe se sont évanouis en émettant un bip de protestation.

Je suis resté assis à contempler l'écran noirci. Ma mère avait peut-être raison. Il était temps que je quitte la ville. Une chose était sûre en tout cas : je n'irais pas lui dire que JereMe m'avait contacté. Elle qui s'inquiétait déjà parce qu'on me prenait pour un pirate de haut vol.

De plus, j'angoissais déjà suffisamment pour deux.

Ma mère et moi, on venait de tourner le dos au comptoir de la compagnie aérienne. On avait acheté mon billet et fait enregistrer ma valise. On connaissait le numéro de la porte d'embarquement. Mais ma mère ne quittait pas des yeux le tableau des départs au-dessus de nos têtes. Je savais qu'elle essayait de ne pas pleurer.

– Porte 6, a-t-elle dit pour la deuxième fois. C'est par là. On peut faire un détour par le kiosque, pour que tu achètes des revues et des friandises...

– Maman, l'ai-je interrompue. Tu ne te vexeras pas, hein ? Mais je préférerais que tu me laisses. On se dit au revoir ici. C'est mieux.

Elle a esquissé un sourire.

– Tu ne veux pas qu'on me voie t'embrasser et te serrer dans mes bras en t'appelant « mon lapin ». C'est ça, hein ?

– Exactement, ai-je fait.

Elle a pris mon visage entre ses mains. Elle avait les larmes aux yeux.

– Mon petit lapin, a-t-elle dit d'une voix étranglée.

– Maman ? On ne va pas sortir les mouchoirs, quand même.

Elle a laissé retomber ses bras le long de son corps.

– Tu as raison.

Elle s'est éclairci la gorge.

– Bon, tu as ton billet ?

– Oui.

– Ton sac à dos ?

– Affirmatif.

– Le numéro de Lily, au cas où vous vous rateriez à l'aéroport ?

– On ne se ratera pas, et j'ai le numéro de son portable. J'ai aussi son numéro de téléphone normal, son numéro de fax et son adresse électronique. Tu es sûre que je n'aurai pas besoin de son numéro de sécurité sociale ?

– Je ne sais pas pourquoi, mais tu vas me manquer, monsieur Je-sais-tout... Appelle-moi dès que tu arrives.

– C'est la première chose que je ferai.

De nouveau, ses yeux se sont emplis de larmes.

– Je pense vraiment qu'on a raison de faire ça.

– Je sais.

– Je viendrai te voir bientôt.

– D'accord.

Elle m'a serré dans ses bras. Elle m'a dit qu'elle m'aimait, ce qui n'était pas une bonne idée, parce que je me suis mis à pleurer moi aussi. J'avais de nouveau huit ans, même si ma mère ne m'arrivait qu'à l'épaule.

– Vingt-quatre sur sept.

– Vingt-quatre sur sept, ai-je répété.

Ce qui signifiait : vingt-quatre heures sur vingt-quatre et sept jours sur sept. C'était un code entre nous. Ça voulait dire qu'on serait tout le temps là l'un pour l'autre, quelles que soient les circonstances.

– Bon, a-t-elle dit d'une voix tremblante, en essayant de sourire. Il faut que j'y aille.

– Tu as sûrement plein de choses à faire.

– OK, je suis partie.

– OK.

Elle m'a serré encore une fois très fort, puis elle s'est éloignée à grandes enjambées.

– Maman ! ai-je crié.

Elle s'est retournée. De grosses larmes roulaient le long de ses joues.

– Tu te trompes de direction ! ai-je dit. Le parking, c'est de l'autre côté.

J'ai joint le geste à la parole.

Elle s'est frappée la tempe du plat de la main en faisant une grimace. Puis elle m'a tourné le dos et a changé de direction.

Je suis resté là une minute à la regarder s'éloigner. Je n'étais pas sûr qu'elle s'en sortirait sans moi, et ça m'inquiétait.

La zone d'embarquement était noire de monde. J'ai tendu le cou pour essayer de repérer un siège au-delà des gens et des piles de bagages. Comment se fait-il que les aéroports soient bondés, alors que tout le monde prétend avoir horreur de l'avion ?

Enfin, quelqu'un a libéré un siège au bout d'une rangée, en en retirant un énorme bagage à main. J'ai foncé et j'ai pu avoir la place. Puis le type assis à côté de moi s'est levé, de sorte que j'ai pu prendre mes aises.

J'ai sorti un sachet de bonbons et ouvert mon ordinateur portable, pour faire une petite partie d'échecs. Mais le type qui venait de partir avait oublié le dernier numéro de *Cyberplanète* sur son siège. Je me suis empressé de le ramasser.

Sur la première page, quelqu'un avait collé un gros Post-it jaune. « Ne prends pas cet avion. Tu as besoin de nous, Ryan. Nous sommes là pour t'aider. Pas comme ta mère, qui t'expédie à cinq mille kilomètres avec une claque dans le dos. Laisse tomber ces M&M's. Ce sont bien des M&M's, n'est-ce pas ? Nous sommes ce dont tu as besoin. »

J'ai regardé le paquet que je tenais à la main. Effectivement, c'étaient bien des M&M's. J'ai repensé aux longues minutes où ma mère m'avait serré dans ses bras, tout à l'heure dans le hall.

La Caravane du millénaire m'observait.

J'ai jeté un coup d'œil circulaire sur la zone d'embarquement. Je ne savais pas quel type d'individu je recherchais au juste. Un type avec une tête de zinzin d'informatique, habillé n'importe comment ? Du genre Bill Gates ?

Les M&M's se sont éparpillés sur le sol quand je me suis levé. Une petite fille qui était à côté de son père a tendu le doigt en s'écriant :

– Des bonbons !

Elle a essayé d'en ramasser un, mais son père l'a retenue et elle s'est mise à pleurer.

Moi qui ne voulais pas attirer l'attention…

J'ai mis mon ordinateur sous mon bras et j'ai voulu prendre mon sac à dos. Mais au moment où je me penchais en avant, quelqu'un m'a heurté par-derrière. J'ai senti qu'on tirait sur la housse de mon portable.

– Hé ! me suis-je écrié en me tournant.

Une longue silhouette vêtue d'une veste de treillis s'éloignait en slalomant parmi la foule.

Je suis parti à sa poursuite. Il courait vite, mais j'ai réussi à ne pas le perdre de vue malgré la cohue. J'ai bousculé un groupe d'hôtesses de l'air traînant derrière elles leurs valises à roulettes. Un de ces mini-trains qui transportent d'une porte à l'autre les passagers fatigués a failli me couper la route, mais j'ai accéléré pour pouvoir passer le premier. Surpris, le conducteur a crié :

– Hé, mon gars !

Mais je ne me suis pas arrêté.

Je n'allais pas tarder à rattraper mon voleur. Il rencontrait les mêmes obstacles que moi. En essayant d'enjamber un chariot à bagages, il s'est cassé la figure. Ça a ralenti sa course, et ça m'a donné le temps de doubler toute une famille coiffée de casquettes de Mickey et de venir l'agripper fermement par les chevilles.

Quand je pense à tous ceux qui se moquaient de moi pendant les cours de gym !

Je le tenais par les chevilles, mais il a rué tellement fort que j'ai lâché prise. En tendant le bras, j'ai réussi à récupérer mon portable. Mais je n'ai pas pu retenir le type, qui s'est relevé et qui a pris la fuite. Je ne savais toujours pas quelle tête il avait.

J'ai entendu du bruit derrière moi. Deux policiers ont fendu la petite foule qui s'était formée autour de moi. J'ai poussé un soupir de soulagement. On venait enfin à mon secours.

– Que se passe-t-il ici ? a fait l'un des deux.

J'ai ouvert la bouche pour m'expliquer, mais je n'en ai pas eu le temps. Une femme aux cheveux longs, avec des lunettes de soleil, a pointé l'index vers moi.

– Arrêtez-le ! s'est-elle écriée. Il vient de voler cet ordinateur !

Tout ce que je sais, c'est que je suis reparti entre les deux agents.

4 / Forces de l'ordre... et du désordre

– Je vous répète que je ne suis pas un voleur, ai-je dit au policier. C'est moi qui ai failli me faire voler.

Je lui avais déjà dit cela une dizaine de fois. Quand ils m'avaient aidé à me relever. Quand nous avions remonté l'immense hall. Quand ils m'avaient emmené dans la partie de l'aéroport où les passagers ne sont pas admis, dans une petite pièce à la moquette vert olive. Dont ils ont refermé la porte.

– Pourquoi accordez-vous foi au témoignage d'une seule personne ? ai-je voulu savoir. Elle ne m'a vu qu'au moment où j'ai rattrapé le type. Comment est-ce que vous réagiriez si on vous volait votre ordinateur ?

J'ai cru qu'il commençait à m'écouter. Une expression de doute a flotté sur son visage. Mais il avait surtout l'air de s'ennuyer. A mon avis, il était déçu. C'était le genre de type qui devait rêver de coincer une bande de terroristes ou, à la rigueur, un gros trafiquant de pierres précieuses. Pas un adolescent maigrichon avec un simple ordinateur portable.

– OK, mon gars, a-t-il dit. Assieds-toi. On va

essayer d'arranger ça. Comment tu m'as dit que tu t'appelais ?

– Ryan Corrigan.

– Quel âge tu as, Ryan ?

– Dix-sept ans.

Ses yeux se sont fixés sur moi.

– Tu es sûr ? On te donnerais plus que ça.

– Je suis grand pour mon âge. Écoutez, vous pouvez appeler ma mère. Mais je suppose qu'elle n'est pas encore rentrée de l'aéroport, ai-je ajouté. C'est elle qui m'a amené ici.

Nous habitions à une demi-heure de l'aéroport et, connaissant ma mère, j'étais sûr qu'elle s'était perdue.

– Donnons-lui le temps d'arriver, a dit l'homme.

Soudain, ses traits se sont tendus, ses yeux ne formaient plus qu'une fente horizontale. Je me suis dit que, soit il faisait l'imbécile, soit il allait se transformer en extraterrestre. Mais il essayait juste de réprimer un énorme bâillement.

J'ai failli m'excuser, car c'était de ma faute s'il ne pouvait pas faire la sieste, mais pour une fois, je me suis abstenu.

L'homme a actionné plusieurs touches de son clavier. J'ai vu ses yeux parcourir l'écran de son ordinateur. Cette fois, il n'a même pas cherché à retenir un bâillement.

Mais sa bouche s'est refermée d'un coup sec. Il a tenté de ne rien laisser paraître, mais il s'est raidi. D'un air exagérément désinvolte, il a pivoté sur sa chaise de bureau et il s'est levé. Puis il s'est étiré.

– Je vais me chercher un café. Tu veux une boisson fraîche ?

– Je veux bien, ai-je répondu.

Dès que la porte s'est refermée, j'ai tourné l'écran vers moi. L'homme avait quitté l'application qu'il venait d'utiliser, mais il ne faisait pas le poids contre moi. Je me suis penché en avant et, en quelques clics de souris, j'ai retrouvé le dernier programme actif.

Le logo du FBI s'est affiché sur l'écran. Aïe !

Ce que j'avais sous les yeux, c'était la liste des dix personnes les plus recherchées des États-Unis. Le nom de GuildMaster figurait en première position. Il n'y avait pas de photo. L'homme était décrit comme un cyberterroriste n'ayant pas d'adresse connue. Son vrai nom n'était pas connu non plus.

J'ai fait défiler la liste pour découvrir le nom suivant. J'ai découvert un visage familier : le mien. La photo provenait du trombinoscope du lycée. Je vous laisse imaginer la tête que j'avais.

Tout mon dossier a défilé sous mes yeux. J'ai appris que j'étais recherché pour terrorisme high-tech, kidnapping et vol qualifié.

Kidnapping ? Vol qualifié ?

J'ai plissé les yeux. J'ai relu le tout, plus lentement cette fois. Ce n'était pas une erreur stupide de la part du FBI. Quelqu'un leur avait fourni délibérément de fausses informations.

Je me suis souvenu de ce que m'avait écrit JereMe. « D'accord, le FBI ne t'a peut-être pas inscrit sur sa liste. Mais que se passerait-il si un autre groupe avait accès à leur répertoire racine ? »

C'était un coup de la Caravane du millénaire ! Ils voulaient me montrer qu'ils ne plaisantaient pas.

« C'est pour ça que le cyberespace est plein de dangers. Il suffit qu'il tombe entre les mains de gens mal-intentionnés. »

La tête me tournait. J'avais du mal à y voir clair.

Pourquoi m'avaient-ils piégé ? JereMe n'avait-il pas parlé de me mettre sur la liste pendant une journée ?

J'ai entendu des pas dans le couloir. Tout ce que je savais, c'était que je devais sortir d'ici au plus vite. J'ai pris un trombone sur le bureau du sergent bâilleur. Je me suis dépêché de le détordre.

J'ai repris place sur ma chaise. Tout près de mon genou, j'ai repéré une prise électrique. J'ai débranché la lampe de bureau et enroulé le trombone autour des deux fiches de la prise. Puis je l'ai branchée.

Ppppffffzzzzzz !

Tout a disjoncté : les lumières, l'ordinateur, le fax. Le court-circuit a neutralisé tout le bureau.

– Qu'est-ce que c'est que… ? s'est exclamé le sergent bâilleur.

La porte était à cinq enjambées. Deux m'ont suffi.

5 / Inspection des lieux

J'ai eu de la veine. Quand j'ai déboulé dans le hall de livraison des bagages, il était envahi par un groupe de touristes conduit par un type affolé qui criait :

– Est-ce que tout le monde est là ? en pointant sur une liste.

Ne sachant plus où il en était, il a dû recommencer.

Je n'ai eu aucun mal à me fondre parmi eux. Nous nous sommes dirigés à la queue leu leu vers l'extérieur de l'aéroport, où un bus nous attendait. Chaque fois que le guide essayait de compter ses ouailles, je changeais de place. Tous essayaient de surveiller leurs bagages, en commentant les conditions de vol difficiles et en s'efforçant de se repérer sur un plan de la ville.

J'ai grimpé dans le bus et je me suis installé à l'arrière. Le guide a renoncé à nous compter et s'est calé sur son siège en soupirant. Le bus a pris la direction du centre-ville.

Je me suis retourné plusieurs fois, mais je n'ai aperçu aucun gyrophare. Vingt minutes plus tard, le bus s'est garé devant l'Holiday Inn. Je suis sorti avec le reste du groupe, puis je leur ai faussé compagnie tandis qu'ils fonçaient vers la réception tels des bisons furieux et que le guide s'époumonait.

De chez moi, le centre n'était qu'à un quart d'heure à pied. On habitait en bordure d'un joli parc, dans un vieux quartier. Ma mère avait trouvé cette petite maison par annonce. C'étaient les anciennes écuries d'un grand manoir. Le manoir, lui, avait été divisé en appartements qui donnaient sur le parc.

Je me suis arrangé pour arriver par l'autre extrémité du parc. A côté d'un vieux chêne s'élevait un monument en souvenir de la guerre de Sécession, derrière lequel je pouvais me cacher.

Tout avait l'air tranquille. Les gens promenaient leur chien ou lisaient le journal sur des bancs au soleil. De l'autre côté de la rue, un type tondait la pelouse au pied de l'immeuble qui donnait sur notre maison. Pendant que je l'observais, il a heurté quelque chose avec sa tondeuse. Après avoir coupé le contact, il a contourné l'appareil pour voir ce dont il s'agissait. Un gros caillou. Il l'a ramassé et l'a jeté dans les buissons.

C'était un jour comme les autres. Je me suis senti soulagé. Je pouvais rentrer chez moi. Ma mère saurait quoi faire. Je lui raconterais tout. Elle prendrait un avocat, ou elle appellerait la police, comme elle voudrait.

J'ai commencé à traverser le parc. Mais quelque chose m'a frappé. L'homme qui tondait la pelouse portait un short et des chaussures marron. Des chaussures de ville, avec des semelles bien lisses. Qui aurait l'idée de passer la tondeuse avec de belles chaussures ?

Un agent du FBI, qui d'autre ?

Notre maison était sous surveillance. J'ai fait deux pas en arrière, je me suis retourné et je me suis éloigné. J'ai dû me faire violence pour ne pas détaler comme un lapin.

Personne ne m'a suivi. Il n'y avait qu'un seul problème.

Où pouvais-je aller ?

J'ai marché longtemps longtemps. Je voulais appeler ma mère, mais je me suis dit que notre ligne devait être sur écoute. Et si l'homme aux chaussures marron était membre de la Caravane du millénaire, et non du FBI ? Si j'avais mis ma mère en danger ?

Elle n'était peut-être pas si paranoïaque que ça après tout. Elle avait dû comprendre que cette histoire d'intrusion sur le réseau national électrique ferait de moi une cible. Pas étonnant qu'elle ait tenu à m'éloigner de la ville en toute discrétion. Elle avait payé mon billet d'avion en espèces et caché ma destination à tout le monde sauf à Lily. Elle avait peut-être même fait exprès de choisir Los Angeles parce que c'était un gros aéroport, et que ça contribuerait à brouiller les pistes.

Je me suis arrêté brusquement. Le plan de ma mère n'était pas si mal, alors pourquoi ne pas le suivre jusqu'au bout ? Pourquoi ne pas aller en Californie, après tout ?

Mais pas question de prendre l'avion. Je devais y aller en train, ou en bus. Il fallait que je trouve un cybercafé et que j'envoie un e-mail à Lily pour la prévenir que j'arriverais plus tard, et que je la contacterais à ce moment-là. Je lui demanderais d'informer ma mère de la situation.

Une fois sur place, je disposerais d'un ordinateur très performant. Soit je trouverais le moyen de pirater le système du FBI et d'effacer mon dossier, soit je leur ferais une offre via Internet. Je leur expliquerais ce qui s'était passé, et je leur proposerais de les aider à pister les membres de la Caravane du millénaire.

Car je ne devais pas commettre l'erreur de sous-estimer le groupe de hackers. Ils s'étaient adressés à moi parce qu'ils pensaient que je pouvais leur être utile. Il fallait que je leur prouve le contraire, d'une manière ou d'une autre.

Je n'avais plus qu'à trouver une agence de voyages où me faire rembourser mon billet. Heureusement que je l'avais gardé dans la poche de mon blouson en jean. Je l'ai sorti et j'ai regardé ce qu'il y avait d'écrit à l'intérieur.

Les mots « Non remboursable » m'ont sauté aux yeux.

C'était le pompon ! Maintenant je n'avais plus un sou. Mes *traveller's cheques* étaient restés dans mon sac à dos, qui ne devait pas avoir bougé de la zone d'embarquement. J'avais une quarantaine de dollars dans mon portefeuille. Jusqu'où pouvais-je aller avec ça ? Dans le Tennessee ?

Je n'avais presque plus d'argent, plus de vêtements de rechange, plus d'ordinateur. Je ne pouvais pas appeler ma mère. J'avais le FBI aux trousses, donc pas question d'appeler la police.

J'étais cuit.

6 / En apnée

J'ai une devise : « Quand tu ne sais pas où aller, laisse-toi guider par l'odeur des frites ». Pour ma part, je suis convaincu qu'un jour ou l'autre, des chercheurs découvriront que la graisse cuite est un stimulant pour les fonctions cérébrales.

Je connaissais mal le quartier où j'étais. J'ai longé plusieurs pâtés de maisons avant de trouver un snack-bar. L'endroit était assez vétuste. Au fil des ans, la graisse s'était déposée sur les murs en couche épaisse, et les banquettes en Skaï qui formaient de petits box s'étaient craquelées. Parfait.

L'établissement était désert, ce qui ne présageait rien de bon quant à la qualité des plats. Mais je ne pouvais pas me permettre de faire le difficile. J'ai choisi un box près de la porte, avec vue sur la rue.

J'ai commandé un cheeseburger-frites et un thé glacé et, pour tuer le temps, j'ai entrepris de lire les écriteaux accrochés derrière le comptoir : « Les bons comptes font les bons amis », et aussi « Un jour sans sourire est un jour sans soleil ». Où étais-je tombé ? Au royaume des abrutis ?

La serveuse m'a apporté mon cheeseburger, et j'allais enfourner ma première bouchée quand une fille est entrée.

Elle m'a jeté un regard blasé et s'est dirigée vers le comptoir. Elle était presque aussi grande que moi, et ses cheveux noirs formaient une natte qui lui arrivait presque à la taille. Elle portait un T-shirt vert olive délavé et un jean noir barbouillé de taches de peinture. Une chemise bleu ciel était nouée autour de ses hanches.

Elle a fait semblant de ne pas me voir, mais j'avais l'habitude de ce genre d'attitude chez les filles. J'ai continué à manger pendant qu'elle commandait un cheeseburger frites et un soda sans sucre à la serveuse.

Elle a pivoté sur son tabouret pour pouvoir croiser les jambes. Elle les avait très longues. J'ai observé un instant le mouvement de va-et-vient de ses *boots*. Puis j'ai rassemblé suffisamment de courage pour lancer un coup d'œil furtif à son visage.

Erreur. Nos regards se sont croisés. Elle avait les yeux bleus, d'un bleu très pâle. C'était surprenant chez quelqu'un qui avait la peau mate et les cheveux noirs.

Elle s'est dépêchée de regarder ailleurs. J'ai senti que je rougissais. C'est une mauvaise habitude. Je suis sûr qu'un jour, elle pourrait me conduire à sauter d'un avion sans parachute. J'ai attrapé le ketchup et j'ai tapé sur le cul de la bouteille. Rien n'est sorti. La bouteille était vide. J'ai cherché la serveuse des yeux, mais elle était occupée à téléphoner au fond de la salle.

De toute façon, on peut très bien se passer de ketchup.

J'ai avalé une bouchée de cheeseburger en contemplant l'écriteau « Interdiction de cracher, surtout dans votre assiette ».

Une main a surgi derrière mon épaule et une bouteille de ketchup a atterri à gauche de mon assiette. En levant les yeux, j'ai découvert le visage de la fille.

– Je me suis dit que ça pouvait t'être utile.

– Les frites sans ketchup, c'est pas vraiment des frites, ai-je dit en soulevant la bouteille.

– C'est le mélange sucré-salé qui est intéressant, a repris la fille. Et ce sont les meilleures frites de la ville.

– Tu viens souvent ici ? ai-je demandé.

En m'entendant prononcer ces paroles, j'ai eu envie d'enfourner cinquante frites d'un coup. Quelle question débile !

Mais ça n'a pas eu l'air de la déranger.

– Tous les jours, ou presque. Je suis des cours aux beaux-arts, un peu plus loin dans la rue.

Elle a hoché la tête en regardant mon assiette.

– Il vaut mieux s'en tenir aux trucs de base. Un jour j'ai essayé la moussaka. C'est une décision que je regretterai pour le restant de mes jours.

Elle a prononcé ces paroles d'un ton solennel. Mais ensuite elle a souri, puis elle a éclaté de rire. La serveuse est sortie de la cuisine avec une assiette fumante.

– Je la pose ici ? a-t-elle demandé en désignant le comptoir.

La fille a eu un mouvement d'hésitation. Ma petite voix intérieure, celle que je n'écoute généralement pas parce qu'elle a toujours tout faux avec les filles, m'a dit « Vas-y, Ryan ! ».

– Tu veux t'asseoir ? ai-je demandé.

Ma voix a tremblé légèrement.

Elle a souri.

– J'ai horreur de manger seule.

Elle a fait signe à la serveuse et s'est laissée glisser sur la banquette juste en face de moi.

OK, il fallait que je fasse une pause et que je prenne la mesure de ce qui venait d'arriver. Une fille super mignonne venait de s'asseoir juste en face de moi. De son plein gré.

Décidément, ce n'était pas un jour comme les autres.

La fille n'était pas belle au sens classique du terme. Elle avait un nez assez fort. Mais il s'intégrait harmonieusement dans son visage, avec ses yeux clairs et ses lèvres charnues. Elle ne ressemblait à aucune des autres filles que j'avais rencontrées jusque-là.

Elle a pris la bouteille de ketchup et en a versé une bonne quantité dans un coin de son assiette. Elle portait trois bracelets argentés qui s'entrechoquaient chaque fois qu'elle bougeait le poignet.

– Je m'appelle Sabrina Seringo, s'est-elle présentée.

Elle a avalé une frite.

– Ryan Corrigan, ai-je dit avant de me rendre compte que ce n'était peut-être pas une bonne idée.

– Tu es aux beaux-arts toi aussi ?

– Non, ai-je répondu. Mais j'aime bien tout ce qui est artistique.

Ouais, on peut dire ça comme ça. Ma mère essaie toujours de me traîner dans les musées. Mais mes connaissances artistiques se limitent à quelques mauvaises bandes dessinées.

Elle a hoché la tête tout en coupant un morceau de hamburger. En avalant elle a dit :

– Ma discipline principale, c'est la photo. En fait, je m'intéresse surtout à la photo numérique. C'est un tout nouveau domaine, qu'on commence à peine à explorer.

Qu'est-ce que vous dites de ça ? Je rencontre une jolie fille un peu artiste et, en plus, elle est branchée numérique ! Si ce n'est pas de la chance...

– Je ne connais pas grand-chose à la photo numérique, mais les ordinateurs, c'est ma passion, ai-je dit. Tu peux m'expliquer un peu mieux ?

Sabrina a eu l'air réticent.

– Ça t'intéresse vraiment ?

– A fond, ai-je fait.

– Waoh ! a fait Sabrina. Tu vas le regretter.

Puis elle a souri.

Pendant qu'on mangeait, elle m'a exposé les possibilités d'exploitations numériques de la photo. Elle était intarissable sur la couleur, la perspective, l'image. Elle agitait sa fourchette en parlant, et buvait son soda à grands traits. Elle me plaisait de plus en plus.

Je dois vous avouer quelque chose. Dans l'ensemble, je n'ai pas menti en disant que je n'avais pas beaucoup de succès avec les filles. Mais ce n'est pas entièrement de leur faute. Si elles ne s'intéressent pas à moi, ce n'est pas seulement parce que je ne suis pas le plus beau gosse de la ville. C'est aussi parce que, quand je leur parle – ou plutôt quand j'essaie de leur parler –, je n'arrête pas de nouer et de dénouer mes lacets, de me gratter le lobe de l'oreille, ou encore de rentrer mon T-shirt dans mon pantalon puis de le sortir. Je ne le fais pas consciemment, bien sûr. Et en faisant tous ces petits gestes, je dis des choses que je ne dis jamais en temps normal. Des choses du genre : « Waoh, tu sais quoi ? » ou alors « Génial, génial, super génial ! ».

Bref, j'ai le chic pour me ridiculiser.

Je n'en revenais donc pas, d'être en train de déjeuner avec une fille, et d'aligner des mots de plus de deux syllabes.

– J'aimerais bien pouvoir te montrer quelques exemples, a dit Sabrina en faisant du bruit avec sa paille. L'ennui, c'est que je viens juste de laisser ma chambre d'étudiante pour l'été. Tout est dans des cartons maintenant.

– Dommage ! ai-je fait. Mais je quitte la ville de toute façon. Enfin, je crois.

– Qu'est-ce que tu veux dire ? a demandé Sabrina.

Elle s'est penchée pour attraper une serviette en papier, et j'ai aperçu un bout de peau dorée dans le décolleté de son T-shirt.

Je me suis dépêché de répondre, avant que mes joues virent au rouge foncé.

– A l'heure qu'il est, je devrais être en route pour la Californie, ai-je expliqué. J'ai raté mon avion. Je ne l'ai pas encore annoncé à ma mère. Elle va piquer une crise.

Dans le fond, c'était la vérité. J'avais juste omis les quatre cinquièmes de l'histoire.

– Je suis sûre qu'elle comprendra, a dit Sabrina. Ou plutôt non. Qu'est-ce que je raconte ? Ma mère aussi supporterait mal ce genre de nouvelle. Elle est du genre à aller assommer Conan le Barbare.

J'ai souri.

– En plus, c'était un billet non remboursable. Et on ne roule pas sur l'or.

Sabrina a hoché la tête.

– Tu devrais faire comme moi : voyager à l'œil. Moi aussi je vais en Californie, mais je n'ai rien à débourser.

– Quel est ton secret ? ai-je demandé, intrigué.

– Le baby-sitting, a-t-elle répondu. Ce n'est pas mon activité préférée – c'est même tout le contraire. Mais tout ce que j'ai à faire, c'est de m'occuper de deux jumeaux et de leur lire des histoires pendant une dizaine de jours, et je passerai le reste de l'été sous le soleil de San Diego. Ma mère habite là-bas maintenant.

Sabrina a avancé la main et chipé ma dernière frite Elle l'a trempée dans le ketchup.

– Ces gens, les McDoogles, sont des amis d'amis de ma mère. Ils sont un peu lourds, mais qu'est-ce que ça peut faire ?

Elle a avalé la frite. Elle avait encore du ketchup sur la lèvre. Elle l'a enlevé avec sa langue.

– Si tu connais d'autres McDoogles, fais-moi signe, ai-je dit en la regardant.

Jamais je n'aurais cru que ce pouvait être aussi fascinant de regarder quelqu'un manger.

– Les McDoogles sont uniques, a-t-elle répondu. Heureusement d'ailleurs... mais attends ! Je viens de penser à un truc. Pourquoi tu ne viendrais pas avec moi ? Ils ont un énorme camping-car. Ils payent les frais et la nourriture. Et au départ, ils m'avaient proposé d'amener mon petit copain.

Elle a fait la grimace.

– Heureusement, on a rompu avant que je lui propose. Qu'est-ce que tu en penses ?

J'ai hésité. Je ne connaissais même pas ces gens. Et ma mère serait sans doute affolée en apprenant ça.

– Ça me ferait du bien d'être avec quelqu'un de normal pendant le voyage, a poursuivi Sabrina. Les McDoogles sont des gens désespérément gais et optimistes. Ils passent leur temps à raconter des blagues et à faire des jeux de mots débiles.

En tout cas, sûr que ça résoudrait tous mes problèmes d'un coup. Tout d'abord, je pourrais rallier la Californie sans qu'il m'en coûte un centime. Mais surtout, j'allais pouvoir disparaître dans la nature.

Sabrina a regardé sa montre.

– On part dans une heure environ. J'avais juste envie d'un bon hamburger. Twyla n'est pas très douée pour la cuisine. Tu viens avec moi ? Comme ça tu feras leur connaissance.

– D'accord, ai-je dit. Pourquoi pas ?

7 / Baby boomers

Sabrina m'a attendu pendant que je m'arrêtais dans un cybercafé pour envoyer un courrier électronique à Lily. Je lui ai dit que j'avais décidé de venir en Californie par un autre moyen que l'avion, mais que tout allait bien. Je lui ai demandé de rassurer ma mère.

Je savais que ça ne servirait pas à grand-chose.. mais je serais en Californie d'ici deux semaines au maximum, donc elle ne s'inquiéterait pas trop longtemps. Et j'essaierais d'envoyer un autre message à Lily en cours de route.

J'ai suivi Sabrina qui est passée prendre son sac dans le hall de la résidence universitaire, et nous sommes allés chez les McDoogles.

La maison était facile à repérer. Un gigantesque camping-car était garé devant, et une tonne de valises encombraient l'allée. Un homme et une femme bien portants, vêtus du même short et de la même chemise hawaïenne, étaient penchés une carte routière. Tous les deux avaient les cheveux blond-roux, des taches de rousseur et la peau très blanche. Ils se sont mis à gesticuler gaiement en nous voyant arriver.

– Brinette ! ont-ils crié à l'unisson.

– Mais c'est notre « Drôle de dame » ! a ajouté la femme.

– Je t'avertis, a marmonné Sabrina à mon intention, si jamais tu m'appelles Brinette, je te laisse sur le bord de la route.

Nous nous sommes approchés, et Sabrina a fait les présentations.

– C'est ton amoureux ? a minaudé Twyla. Ouh là là, qu'est-ce qu'il est grand ce garçon !

– Quel temps fait-il là-haut ? a gloussé Bud.

– Je vous avais dit que Ryan ne viendrait pas, a dit Sabrina. Mais il a changé d'avis à la dernière minute, alors je me demandais si on ne pourrait pas lui faire une petite place.

– Mais zavec joie ! a roucoulé Twyla.

– Bienvenue à bord du grand canapé à roulettes ! a rigolé Bud en caressant la carrosserie du monstre.

– Plus zon est de fous plus zon rit ! a ajouté Twyla.

– Un malheur n'arrive jamais seul ! a renchéri Bud.

– Bon, on va te présenter Kaylen et Kyle, a dit Twyla.

Elle s'est retournée vers la maison et a hurlé :

– Kaylen ! Kyle ! Venez ici tout de suite !

Deux versions miniatures de Bud et de Twyla ont déboulé dans l'allée. Les jumeaux, qui avaient huit ans, étaient habillés à l'identique : T-shirt orange et short à carreaux écossais. Ils avaient exactement la même coupe de cheveux. J'aurais été incapable de dire qui était le garçon et qui était la fille. Je me suis dit que je n'arriverais jamais à les distinguer. Ils m'ont serré la main poliment, puis ils ont filé.

– Ils adorent les gens ! s'est exclamée Twyla, rayonnante.

– Alors, fiston, où sont tes bagages ? m'a demandé Bud. Je m'apprêtais à arrimer la marchandise.

– Tout est là-dedans, a dit Sabrina en montrant son gros sac de voyage.

On avait parlé de ça sur le trajet jusqu'ici, et on s'était mis d'accord pour dire qu'on partageait le même sac. Sabrina avait plein de T-shirts trop grands à me prêter. En chemin, on s'arrêterait dans un drugstore et je m'achèterais une brosse à dents et quelques slips. « Voyager léger », telle était ma devise. Enfin, une de mes devises.

J'ai aidé Bud à charger les bagages pendant que Sabrina s'occupait des bonbons, des bandes dessinées et des peluches des enfants. Twyla choisissait des cassettes pour la route, tout en hurlant ses instructions à Bud pour le rangement des bagages. Il a dû refaire le travail trois fois parce qu'elle avait oublié de préciser qu'elle aurait besoin de la petite valise en tissu écossais, ou du sac jaune. Mais à la fin, tout était bouclé et nous étions prêts à partir.

Je me suis installé à côté de Kaylen et de Kyle. Sabrina a pris place à côté de moi. Twyla s'est assise à l'avant, côté passager, et Bud a pris le volant.

Il est sorti de l'allée prudemment, en marche arrière. J'ai vu défiler des rues familières tandis que nous prenions la direction de l'autoroute. J'ai eu une crise d'angoisse. Est-ce que j'avais pris la bonne décision ? Je ne connaissais pas ces gens. Quant à Sabrina, tout ce que je savais d'elle, c'est qu'elle aimait le ketchup.

Je n'avais pas l'habitude de faire confiance aux autres comme ça.

« Mais bon, rien ne m'obligeait à tout leur raconter », me suis-je dit. Je faisais le voyage avec eux, un point c'est tout.

Bud et Twyla ont sorti des casquettes de base-ball, et on a aperçu le panneau indiquant la direction de l'autoroute de l'ouest. J'ai senti une pointe d'excitation quand Bud s'est engagé sur la bretelle d'accès. Le voyage avait vraiment commencé !

Dès que Bud a eu trouvé son rythme de croisière, Twyla s'est retournée en agitant une cassette.

– Vous êtes prêts ?

– Pour quoi ? ai-je dit.

A côté de moi, Sabrina a émis un grognement étouffé.

– J'espère que vous connaissez les paroles ! a dit Twyla par-dessus son épaule, en introduisant la cassette dans le lecteur.

La musique de la série *La Croisière s'amuse* a résonné dans l'habitacle. Twyla et Bud connaissaient les paroles par cœur. Les enfants aussi !

– Viens à bord, on t'attend han han han !

– J'ai oublié de te préciser ce petit détail, m'a susurré Sabrina. Les McDoogles sont des fans de séries télévisées. Ils adorent celles des années soixante, soixante-dix. Ils ont une compilation de toutes les musiques originales.

Le générique de *La Croisière s'amuse* a fait place à celui de *Chapeau melon et bottes de cuir*. Bud et Twyla se sont mis à fredonner.

Sabrina a fait une grimace et s'est absorbée dans la contemplation du paysage. L'un des jumeaux – Kaylen ou Kyle, impossible de savoir lequel – a commencé à couiner et à réclamer des bonbons.

Voilà. J'étais coincé dans un monstrueux camping-car avec deux baby boomers d'humeur chantante et deux jumeaux qui couinaient en rythme, et ce n'était pas exactement l'idée que je me faisais du paradis. Mais au moins nous avancions. Ça aurait pu être pire.

8 / TÉLÉPORTATION !

A Memphis, Tennessee, je me suis demandé si des boules Quies me permettrait d'échapper à la torture des génériques de séries télé. Quand nous sommes arrivés dans l'Arkansas, j'étais prêt à sauter du camping-car en marche.

Les McDoogles étaient infatigables. Leurs lèvres n'arrêtaient pas de bouger. Soit l'un d'eux lisait à voix haute des extraits de *Les États-Unis en histoires drôles* pendant que l'autre conduisait, soit ils reprenaient tous les refrains du coffret (de six cassettes !) *Trente ans de génériques télé*.

Quelque part entre l'Arkansas et le monde civilisé, j'ai commencé à regretter de ne pas avoir le mal des transports. Ça m'aurait changé les idées.

– Je suis vraiment désolée, Ryan, m'a dit Sabrina un soir. Je ne pensais pas qu'ils étaient aussi gravement atteints. Je te suis très reconnaissante de m'avoir accompagnée. Ils sont vraiment gratinés.

J'ai commencé à fredonner la mélodie de *La Quatrième Dimension*, et Sabrina a fait la grimace.

– Je t'en prie, a-t-elle murmuré. Promets-moi qu'il

n'y aura plus de génériques télé entre toi et moi. Plus jamais !

– D'accord, Brinette, ai-je dit en souriant.

Elle m'a donné un coup de poing.

Mais Bud et Twyla n'étaient pas les seuls à m'inquiéter. Jamais je n'avais rencontré d'enfants aussi bizarres que Kaylen et Kyle. Ils étaient tellement assommants qu'ils me rendaient fou. Ils jouaient à des jeux idiots pendant des heures. Ou bien ils fredonnaient des airs sans aucun rythme, sans aucune mélodie. C'était hallucinant.

Dans l'Oklahoma, je me suis dit que je préférerais avaler le contenu de la poubelle que de rester une minute de plus dans le « grand canapé à roulettes ». Si *L'Enterprise* était sur orbite autour de la Terre, je demanderais à être téléporté immédiatement.

Toutefois, les McDoogles avaient une qualité qui rachetait un peu tout le reste. Ils nous rapprochaient, Sabrina et moi. Chaque fois que Twyla se mettait à chanter, ou que Bud nous lisait une énième histoire drôle, Sabrina et moi échangions des regards. Et j'aimais bien échanger des regards avec les plus jolis yeux bleus de la planète.

Le soir, quand on se garait sur une aire de stationnement spéciale camping-car, Sabrina et moi étions toujours volontaires pour les corvées. On allait chercher de l'eau, on ramassait du bois pour faire un feu de camp, on faisait même la lessive quand il y avait les équipements nécessaires. Tout était bon pour échapper à la folie ambiante.

C'est au cours de ces soirées que j'ai découvert à

quel point on se ressemblait. On était d'accord sur le cinéma, la musique, les livres et sur le fait que les Cheerios surpassaient toutes les autres céréales de la planète. C'était la fusion totale.

Un soir, Sabrina m'a raconté ses souvenirs de lycée. On était à la laverie, on faisait une lessive de blanc. Perchée sur une machine à laver, Sabrina grignotait des bretzels.

– Tu penses que tes années de lycée, c'était l'horreur ? Eh bien, tu devrais écouter ce que j'ai à dire ! a-t-elle commencé en me menaçant avec un bretzel entamé. J'ai passé des mois, que dis-je, des années, à essayer de me fondre dans le moule. Et puis un jour, j'ai eu la révélation : après le lycée, je ne reverrais jamais tous ces clowns. Ce n'était donc pas la peine que je me donne tout ce mal.

– C'est le lycée qui te rend comme ça, qui t'oblige à t'intégrer, à vouloir plaire aux autres, ai-je dit d'un air sombre. Même à ceux que tu méprises.

Sabrina a reniflé.

– Il y a un truc dans l'eau. Ils mettent ça dans les espèces de fontaines qu'on trouve dans les vestiaires du gymnase. Ils te font transpirer, tu as chaud, tu vas boire un coup : c'est comme ça que tu absorbes des produits chimiques qui détruisent la moindre cellule de ton cerveau programmée pour l'indépendance ou la créativité. C'est pour ça que les zinzins d'informatique s'en sortent mieux : ils se font dispenser de gym !

J'ai éclaté de rire. Sabrina m'a tendu le sachet de bretzels.

– Ceux qui ont les meilleures notes au lycée ne sont jamais les plus brillants par la suite, a-t-elle poursuivi. Ils finissent dans des boulots à la noix, où ils bossent comme des fous. Ce sont les cancres, les « inadaptés » qui finissent par faire des choses. Regarde l'histoire. Je parie que Napoléon était nul en géométrie. Ouais, je suis même sûre qu'il avait de mauvaises notes en français, a-t-elle dit avec une lueur amusée dans les yeux.

– Bon, je ne vois pas ce que tu as vécu de si horrible au lycée, ai-je dit.

Sabrina a mastiqué d'un air méditatif.

– Tout d'abord, mon père est un ancien hippie. Je suis née à Berkeley, en Californie, et on a beaucoup bougé.

– Nous aussi, on a beaucoup déménagé ! me suis-je exclamé. Presque tous les ans quand j'étais en primaire. Tu as vécu dans combien d'États différents ?

– Sept, a dit Sabrina. Non, huit ! J'oubliais le Montana.

– Neuf, ai-je dit modestement.

– Alors là, tu me bats !

– Mais bon, nous ne sommes restés que trois mois dans le Wisconsin, ai-je expliqué en guise d'excuse.

Sabrina est descendue de son perchoir et a sorti les serviettes du lave-linge. Je l'ai aidée à tout mettre dans le séchoir. Puis on s'est réinstallés sur les machines. Nos pieds se balançaient doucement. La porte de la laverie était ouverte, la nuit sentait bon. La vie ne paraissait plus si terrible tout d'un coup.

– C'est sans doute pour ça qu'on a accroché aussi

vite, toi et moi, a remarqué Sabrina. C'est super, la manière dont ça s'est passé l'autre jour. J'ai eu l'impression que je te connaissais déjà. J'ai vraiment senti qu'on avait un truc en commun, tous les deux.

– Ben, le truc en commun, c'était le ketchup, ai-je dit. Sans parler des frites. Tu n'as pas arrêté de piocher dans mon assiette.

Elle a souri.

– J'ai une dette envers toi, alors.

De nouveau, elle m'a tendu le sachet de bretzels. J'en ai pris un. Je sentais la chaleur de la machine à laver sous mon jean, et nos pieds faisaient des bruits rigolos en se balançant. C'était un moment ordinaire, rien de spécial. Mais j'ai senti quelque chose bouger dans ma poitrine et, pour la première fois sans doute, j'ai compris à quoi servait mon cœur.

Vous avez déjà observé de près une ampoule allumée ? Ce filament orange vif entouré d'une substance transparente, un peu brumeuse. On comprend soudain ce qu'est l'électricité. Elle a une couleur.

Eh bien, l'amour, c'était pareil. Sabrina était incandescente. Elle émettait aussi bien de la chaleur que de la lumière. Si c'était une nouvelle source d'énergie, on devrait inventer un tout nouveau système de mesure. Finies les ampoules de soixante, cent watts : il n'y aurait plus que des faisceaux laser Sabrina.

Le lendemain, le destin a repris ses droits. On avait traversé la plus grande partie de l'Oklahoma quand l'événement s'est produit.

Bud s'est enfin rebellé contre la nourriture de Twyla.

– Les sandwiches à la mortadelle frite, ça suffit !

s'est-il exclamé quand Twyla lui a annoncé ce qu'il y avait pour le déjeuner.

– Je les fais avec du beurre et du ketchup, exactement comme tu les aimes, a expliqué Twyla d'un air froissé.

– Beurk ! ont fait les jumeaux.

– Tu vois, a dit Bud. Chérie, je ne critique pas ta cuisine. Je te le jure. Mais j'ai envie d'un vrai steak. On va s'arrêter quelque part pour déjeuner.

– Mais où ça ? a protesté Twyla. Nous sommes au milieu de nulle part. Ces espèces de cafétérias, ça ne me dit rien qui vaille.

Comme si ça pouvait être pire que ce qu'elle préparait dans la minuscule cuisine du camping-car !

– Là-bas ! a dit Bud en désignant une pancarte.

Elle représentait une famille souriante réunie autour d'une tourte à la viande, avec un chien noir et blanc qui mendiait les miettes. Juste en dessous, les mots : « Chez Cordonbleu – les délices de la cuisine maison » s'étalaient en gros caractères.

Bud a appuyé sur l'accélérateur, et on est arrivés là-bas juste à temps pour le déjeuner. On était les seuls clients. On a tous pris l'assiette spéciale 23, poulet grillé et purée de pommes de terre, à l'exception de Bud, qui a commandé un steak.

La nourriture était délicieuse ! La serveuse nous a apporté un pichet de thé glacé. On était tous tellement contents que personne n'a prononcé la moindre parole de tout le repas. La serveuse est retournée se poster devant la télévision aux côtés du cuisinier.

J'ai mis du beurre sur mon maïs et j'ai croqué

dedans à pleines dents. Ça faisait une éternité que je n'avais pas bien mangé. J'allais faire durer ce repas le plus longtemps possible. La serveuse nous avait déjà dit que le rab était gratuit.

Le volume de la télé était au minimum. Ils passaient une émission intitulée : *Aidez-nous à attraper un fuyard*. La serveuse pliait des serviettes et ne regardait pas. Après avoir laissé échapper un bâillement, le cuisinier s'est remis à feuilleter une bande dessinée.

J'ai coupé un morceau de poulet et je l'ai avalé. J'ai fermé les yeux pour savourer. Quand je les ai rouverts, j'ai jeté un coup d'œil sur l'écran de télé. J'ai vu un agrandissement de ma photo, celle qui figurait dans le trombinoscope du lycée.

C'était moi le type qu'ils recherchaient !

La serveuse était toujours occupée à plier des serviettes. Le cuisinier avait les yeux rivés sur sa BD. A notre table, tout le monde se concentrait sur ce qu'il mangeait. C'était une chance. Mais il suffisait qu'un des McDoogles lève les yeux pour découvrir mon visage sur l'écran.

– Yeeeeaaah ! a soudain crié Bud, en se levant d'un bond.

Twyla, qui venait d'attraper le beurre, lui a renversé son thé glacé sur le pantalon.

– C'est froid ! s'est-il exclamé en reculant.

Le contenu de son gobelet en plastique s'est lui-même vidé sur les genoux de Kyle. Qui s'est mis à pleurer.

– Oh, mon Dieu !

La serveuse a pris un torchon et s'est précipitée vers nous.

J'en ai profité pour enfiler ma casquette de base-ball et pour l'enfoncer jusqu'aux yeux.

L'émission était sur le point de se terminer. Je l'avais échappé belle. Personne n'avait prêté attention au poste de télé. Mais à partir de maintenant, il fallait que je redouble de prudence. Que je me fasse discret quand on s'arrêterait quelque part pour la nuit, ou pour prendre de l'essence.

C'est alors que j'ai surpris la réaction de Sabrina. Elle s'apprêtait à mordre dans une cuisse de poulet, mais elle a stoppé net. Elle est restée figée, les yeux braqués sur la télé. Puis elle m'a regardé. Son visage affichait la plus profonde stupéfaction, puis il a pris peu à peu une expression horrifiée.

Elle savait !

9 / C'EST COMPRIS DANS LE MENU

Sabrina s'est levée si soudainement que sa chaise est allée heurter la table de derrière.

Elle évitait mon regard.

– Je… euh… j'ai besoin de prendre l'air, a-t-elle bafouillé.

Puis elle s'est éloignée de la table en toute hâte.

La serveuse a levé les yeux.

– Et ton dessert, mon chou ? J'ai une bonne tarte aux fruits.

Je me suis levé à mon tour.

– Moi aussi, j'ai besoin de prendre l'air.

Je me suis précipité sur les traces de Sabrina.

– Mais c'est compris dans le menu ! a crié la serveuse dans notre direction.

J'ai rattrapé Sabrina dans l'allée extérieure. Je l'ai agrippée, mais elle s'est dégagée d'un coup sec.

– Va-t'en ! s'est-elle écriée.

– Sabrina, attends, ai-je dit en essayant de rester à sa hauteur. Laisse-moi t'expliquer…

Elle s'est retournée.

– M'expliquer quoi ? Que tu as menti ? Que tu es

recherché par la police ? Que tu n'es pas du tout celui que je croyais ?

– Mais je suis celui que tu crois ! me suis-je exclamé. Je le suis. J'ai eu des petits ennuis, et ce n'était pas de ma faute…

– Ouais, a repris Sabrina en repoussant sa natte en arrière. Et tous les types qui sont derrière les barreaux sont innocents.

– Tu ne veux pas juste m'écouter ? ai-je demandé. Je croyais qu'on était copains.

Une lueur dans ses yeux bleu pâle m'a fait comprendre qu'elle n'en était plus si sûre.

– Cinq minutes, ai-je insisté. Je peux tout t'expliquer en cinq minutes.

Elle a regardé sa montre.

– Vas-y, commence, a-t-elle accepté.

Ça m'a pris dix minutes, mais elle ne m'a pas interrompu. Son expression s'est détendue peu à peu. Au bout d'une ou deux minutes, elle a cessé de me poser des questions et elle s'est contentée d'écouter. Quelque chose dans son visage m'a dit que j'avais été entendu.

Au bout d'un moment, je me suis arrêté.

– Est-ce que tu me crois ?

Elle a secoué la tête lentement de droite à gauche, mais je savais que ça voulait dire oui.

– Je crois que oui, Ryan, a-t-elle fini par dire. Mais c'est dur à avaler. La Caravane du millénaire, c'est vraiment niais. Et comment un groupe d'allumés peut-il réussir à mettre le nez dans les fichiers du FBI ?

J'ai haussé les épaules.

– Je n'en sais rien. Ce que je sais, c'est que j'ai moi-même été fureter dans des endroits pas très faciles d'accès. Le FBI est déjà convaincu que ces types sont dangereux.

– Qu'est-ce qu'ils savent d'eux exactement ? a demandé Sabrina. Ils savent où se trouve leur quartier général, ou qui est leur chef par exemple ?

– Ils ne connaissent que l'alias dont il se sert pour se connecter, ai-je dit. GuildMaster.

– On dirait le nom d'un jeu vidéo, a fait Sabrina. Ça n'a pas l'air vrai. Alors, qu'est-ce que tu comptes faire ?

– Pour commencer, je vais essayer de rayer mon nom des listes du FBI, lui ai-je expliqué. Il faut que je vérifie que la Caravane n'a pas fabriqué des preuves contre moi. Ils peuvent très bien m'avoir collé de véritables délits sur le dos.

– Sans doute, a reconnu Sabrina. Mais on dirait plutôt une bande de hackers purs et durs qu'une véritable association de malfaiteurs.

– Peu importe ce qu'ils sont au juste. Tout ce que je sais, c'est qu'il faut que j'aille en Californie.

Sabrina se taisait. Un souffle de vent a soulevé une mèche qui s'était détachée de sa tresse. Elle m'a regardé longuement dans les yeux. Puis elle m'a pris la main.

– Je t'aiderai, a-t-elle dit.

10 / Rétroviseur

Un secret, c'est un secret. C'est quelque chose que l'on garde pour soi. Quelque chose qu'on a dans la tête, ou une bêtise qu'on a faite, et que les autres ne doivent pas savoir. Et dans la vie, j'avais pour règle de ne jamais révéler mes secrets à qui que ce soit.

Mais après avoir tout raconté à Sabrina, j'ai eu l'impression de peser cinq kilos de moins. Comme si mon histoire avait un poids réel, comme si c'était un sac que je venais de lui remettre pour qu'elle le porte un moment. Elle l'a mis sous son bras, et elle a continué à marcher.

La plupart des mecs rencontrent la fille de leurs rêves dans une boîte de nuit ou sur une plage. Moi, j'avais trouvé la mienne en essayant d'échapper au FBI.

L'amour. Je ne m'attendais pas du tout à ça. Ça ne se déroulait pas de manière linéaire, comme un récit. Ça vous sautait dessus d'un seul coup, une grosse masse indistincte. Il n'y avait aucune logique, et ça m'était bien égal. C'était comme quand on regarde un film d'action américain : on sait que l'histoire ne tient pas debout quand on y réfléchit. Mais on est captivé, tenu en haleine, on attend avec impatience la prochaine explosion.

Sabrina et moi, on a décidé de faire comme si les McDoogles n'existaient pas. On a passé toute la journée du lendemain à concocter un nouveau scénario. Dès que j'aurais arrangé les choses avec le FBI, on se rendrait visite mutuellement cet été. Puis Sabrina quitterait son école pour suivre des cours dans la même université que moi.

On a passé de longues heures assommantes sur les autoroutes du Texas, pendant que les enfants dormaient et que Bud et Twyla lisaient des histoires drôles. Après avoir traversé la frontière du Nouveau-Mexique, on a continué en direction d'Albuquerque. Le paysage changeait à mesure qu'on progressait vers l'ouest. Les champs se couvraient de fleurs sauvages et, au coucher du soleil, les rochers se paraient de rouge. Même les McDoogles ont semblé touchés par la beauté du paysage. Ils ont coupé l'autoradio et se sont tus.

– J'ai une idée, a fait Bud. Je propose qu'on quitte l'autoroute et qu'on prenne les petites routes. Ça nous retardera d'une journée, mais j'ai vraiment très envie de visiter la région. En plus, on peut très bien passer par Santa Fe plutôt que par Albuquerque. On vote ?

On a tous voté oui. Au point où j'en étais, je n'étais pas à un jour près.

Les montagnes pourpres se sont rapprochées. Le ciel était immense, et je n'avais jamais vu un bleu aussi limpide. Nous étions tous parfaitement tranquilles, absorbés par ce spectacle.

– Le paysage est sublime, a murmuré Sabrina. Le Nouveau-Mexique est un endroit magique.

– Tu peux le dire, ai-je fait. Pour arriver à faire taire les McDoogles, il faut avoir un sacré pouvoir.

Le lendemain matin, j'ai vu un pick-up rouge qui roulait derrière nous. Au début, je n'y ai pas prêté attention. Kyle avait voulu qu'on change de place Sabrina et moi, de sorte que j'étais assis derrière Twyla maintenant. Le gros rétroviseur côté passager se trouvait dans mon champ de vision. J'ai remarqué le pick-up au milieu de la matinée. Il était toujours là après le déjeuner, et il nous suivait encore quand nous avons pris une autre petite route. Par moments il disparaissait, avant de réapparaître, toujours à bonne distance. Je n'arrivais pas à distinguer la tête du conducteur. Les vitres étaient teintées.

Je me suis dit que j'étais paranoïaque. D'abord, le FBI ne choisirait sûrement pas un pick-up rouge pour me prendre en filature. C'était trop voyant. En même temps, dans cette région, tout le monde avait des voitures comme ça. Peut-être qu'un pick-up rouge, c'était aussi banal ici qu'une limousine à Beverly Hills.

Bud s'est arrêté pour prendre de l'essence. J'ai attendu. Une minute plus tard, le pick-up a dépassé la station à vive allure et il a disparu à l'horizon.

La paranoïa est une chose dangereuse. Elle me coupe l'appétit. Quand Twyla a proposé d'aller acheter des trucs à grignoter, je n'ai même pas salivé.

– Je veux des chips ! s'est écrié Kyle.

– Moi aussi ! a renchéri Kaylen. Des chips à l'oignon et à la crème fraîche !

– Des chips au piment !

– Venez, a dit Sabrina. Vous aurez chacun votre paquet.

Les enfants se sont précipités vers la boutique. Sabrina s'est arrêtée à côté de la portière ouverte.

– Tu te sens bien ?

J'ai observé la route déserte derrière elle. Pas de pick-up. Personne ne me suivait.

– Tout à fait bien, ai-je fait.

Sa bouche a esquissé un sourire.

– Mmm, mmm. Parle, Ryan. Il y a quelque chose.

– C'est juste une angoisse passagère, ai-je expliqué. Je croyais qu'on nous avait suivis aujourd'hui.

Sabrina a froncé les sourcils.

– Une voiture ?

– Un pick-up rouge. Il m'a semblé qu'il était là, derrière nous, où que nous allions.

– Peut-être qu'il allait à Santa Fe lui aussi, a fait remarquer Sabrina.

– Sans doute, ai-je poursuivi. C'est juste que Bud conduit à trente à l'heure. On se fait doubler par tout le monde, même par les mémés. Et ce type est resté tout le temps derrière nous.

Sabrina a plissé le front. Elle avait l'air inquiet. Elle a scruté la route par-dessus son épaule.

– Je suis sûre que ce n'est rien, a-t-elle conclu. C'est sûrement un touriste qui prend le temps de flâner. C'est normal que ça t'ait intrigué. Mais il ne faut pas que tu deviennes parano.

Elle avait sans doute raison.

– Merci de m'avoir rassuré, ai-je fait. Maintenant tu ferais mieux de te dépêcher. D'une minute à l'autre, Kyle et Kaylen vont se mettre à hurler. Leur patience a des limites.

J'ai regardé ma montre.

– Dix... neuf... huit...

– OK, OK, a dit Sabrina en riant. J'y vais.

Elle a piqué un sprint vers la boutique. Je suis sorti du camping-car et j'ai aspiré l'air frais à pleins poumons. On était à une altitude assez élevée, et il faisait quelques degrés de moins. On avait tous enfilé un pull.

J'ai décidé de faire un brin de toilette dans un vrai lavabo, et pas dans la cuvette de poupée du camping-car. Je suis allé vers les toilettes de la station-service et là, je me suis figé.

Le pick-up rouge s'était garé à la hâte derrière le bâtiment. Il n'était visible ni de la route ni des pompes à essence. Et j'ai constaté également que les sanitaires n'étaient pas où je croyais. Ils devaient être à l'intérieur, vers les caisses.

Cela signifiait que le conducteur du pick-up essayait de se cacher.

J'ai frissonné. Et j'ai reculé à l'abri du mur juste au moment où il ouvrait sa portière. Tous mes muscles étaient tendus, j'étais prêt à détaler comme un lapin. Mais le conducteur est sorti sans se presser, d'une manière un peu lasse. Il a étendu les bras vers le ciel. Puis il a posé ses mains à plat sur la carrosserie et s'est étiré le dos. Il ressemblait à un type normal, avec son jean noir et sa chemise bleu ciel, ses lunettes de soleil et sa casquette de base-ball.

Une casquette rouge délavé.

Comme celle du type qui m'avait arraché mon portable à l'aéroport.

Puis il a retiré sa casquette pour s'essuyer le front. Ses cheveux bruns frisottaient autour de son visage. Il avait les traits anguleux mais, à part ça, il ressemblait à M. Tout-le-monde.

Pourtant, je l'avais déjà vu quelque part. Et ce n'était pas à l'aéroport, puisque je n'avais pas pu distinguer la tête de mon voleur. Mais où alors ?

Il a fait quelques pas pour se dégourdir les jambes. Il s'est penché, a ramassé un caillou et l'a jeté dans les buissons.

Et là j'ai su.

C'était le type que j'avais vu juste à côté de chez moi, celui qui passait la tondeuse.

Et quelque chose me disait qu'il n'était pas du FBI. Je ne connaissais pas grand-chose sur ces gens-là, mais j'étais sûr qu'un agent du FBI ne se déplacerait pas seul au volant d'un pick-up rouge. Il n'essaierait pas non plus de me voler mon portable ; il se contenterait de le confisquer. Et il serait en meilleure forme physique. Ce type avait du ventre et, vu sa façon de s'étirer, il devait avoir de sérieux problèmes de dos.

Si ce n'était pas un agent du FBI, et s'il me suivait, ça voulait dire que j'avais quelqu'un d'autre aux trousses.

Quelqu'un de la Caravane.

Moi qui croyais en être débarrassé. Ils ne m'avaient pas perdu de vue un seul instant !

11 / Se cacher en terrain découvert

Qu'est-ce que j'ai fait en découvrant tout ça ?

Ce que n'importe quel gentil garçon de mon âge aurait fait : j'ai paniqué.

J'ai couru vers la boutique. Sabrina était au rayon friandises avec les jumeaux. Je lui ai fait de grands signes à travers la vitrine, puis j'ai pointé l'index vers le camping-car. Puis j'ai foncé vers le véhicule comme un fou.

Quelques secondes plus tard, Sabrina ouvrait la porte latérale et me rejoignait à l'intérieur.

– Qu'est-ce qui se passe ? a-t-elle demandé, à bout de souffle.

– Il est là ! Le pick-up rouge. Il est garé derrière la station. Et j'ai reconnu le conducteur ! C'est le type qui surveillait ma maison, le jour où je t'ai rencontrée. C'est lui qui a essayé de me voler mon portable !

Sabrina s'est décomposée.

– Tu en es sûr ? a-t-elle murmuré, comme si le type était juste derrière nous.

– Sûr et certain.

– Tu crois que c'est un agent du FBI ?

J'ai secoué la tête.

– Non, je crois plutôt que c'est un membre de la Caravane. Il faut que je parte d'ici ! Je peux peut-être faire semblant d'avoir des crampes d'estomac, ou une crise d'appendicite, peu importe, pour que les McDoogles m'amènent à l'hôpital. Non, attends : tu peux dire qu'on s'est disputés, et que j'ai décidé de continuer en stop jusqu'en Californie.

– Attends un peu, Ryan, a coupé Sabrina. Arrête de délirer. Il faut qu'on réfléchisse.

Elle a appuyé son menton sur la paume de ses mains. Je l'ai vue se masser les tempes pour mieux se concentrer. Au bout d'un moment, elle s'est redressée et m'a regardé d'un air résolu.

– Ryan, pourquoi tu devrais prendre la fuite ? Tu as une couverture parfaite. Ce type ne va pas te sauter dessus sous les yeux des McDoogles. Il te suit, c'est tout. Alors laisse-le faire.

– Tu veux que je le laisse faire ?

– Où vas-tu aller sinon ? a-t-elle demandé. En s'y mettant à deux, on a le temps de trouver une solution d'ici à San Diego. C'est grand, la Californie. Une fois là-bas, tu pourras disparaître plus facilement.

– Tu dois avoir raison, ai-je admis. Mais c'est vraiment angoissant de le sentir là derrière moi, de savoir qu'il me surveille.

– Je sais, a fait Sabrina en frémissant. Mais tu n'es pas tout seul, Ryan. Je suis là.

A ce moment-là, elle s'est penchée en avant et m'a serré dans ses bras. J'ai respiré le parfum de ses cheveux et j'ai senti la force qui émanait de ses bras vigoureux. Et mon cœur s'est mis à danser, comme dans les chansons d'amour les plus idiotes.

– Bon, je vais aller secouer un peu les McDoogles, a-t-elle repris en s'écartant de moi. Plus vite on partira d'ici, mieux ce sera.

Je l'ai suivie des yeux tandis qu'elle se dirigeait à grandes enjambées vers la station. Puis je l'ai vue discuter avec Bud et montrer du doigt le camping-car. Elle a ramené les enfants à la voiture ; ils avaient les mains pleines de chips.

– Bud est aux toilettes, a-t-elle murmuré. On part dans deux minutes.

– Eh bien, les jeunes, vous ne tenez pas en place ! s'est exclamée gaiement Twyla en bouclant sa ceinture de sécurité.

Bud est sorti un instant plus tard. Quelques manœuvres et hop, nous étions de nouveau sur la route. Je me suis senti mieux à mesure qu'on avalait les kilomètres. Je n'arrêtais pas de regarder dans le rétroviseur, mais le pick-up rouge avait disparu. Comme si tout cela n'avait été que le produit de mon imagination.

Soudain, le décor m'a paru complètement désolé Nous arrivions dans ce que le guide décrivait de hauts plateaux arides, d'après les explications de Twyla. Je regrettais que Bud ait pris une petite route pour « s'immerger dans ce paysage grandiose ». J'aurais préféré me retrouver en plein bouchon sur l'autoroute ou m'arrêter dans des campings surpeuplés, grouillant de gamins bruyants et de chiens qui aboyaient. Parce que, dans cette contrée sauvage et rocailleuse, on avait l'impression que s'il arrivait quoi que ce soit, personne ne le saurait jamais.

– Bon, il va bientôt faire nuit, a dit Bud quelques heures plus tard. Je crois qu'il vaudrait mieux s'arrêter par ici. Ce n'est pas l'endroit rêvé, mais il faudra s'en contenter.

Au début, on a cru que le camping Kozy était abandonné. Il n'y avait ni tentes ni camping-cars sur le vaste terrain planté d'arbres. La porte de la réception était fermée, le store baissé. Mais un homme est apparu sur la véranda et nous a jeté un regard en coin.

– Je suppose que c'est ouvert, en a déduit Bud.

Il a rangé le camping-car sur un emplacement. Puis il s'est dirigé vers la réception.

– On va faire du feu et se mettre à l'aise, a dit Twyla d'une voix enthousiaste. Mais commençons par nous dégourdir un peu les jambes.

Les jumeaux ont pris un ballon et sont partis en courant. Sabrina et moi, on est sortis prudemment. On a regardé des deux côtés de la route, sans apercevoir la moindre voiture. Je n'avais pas revu le pick-up depuis qu'on avait quitté la station-service.

– Tu vois ? a dit Sabrina. Tout va bien.

Kyle a envoyé le ballon à Kaylen. Elle l'a rattrapé en poussant de petits cris excités. Puis elle a tapé dedans à son tour.

J'ai suivi le ballon des yeux, paresseusement. Il était haut dans le ciel. Kyle a reculé pour pouvoir l'attraper. A travers la brume du soir, j'ai vu la silhouette du pick-up rouge se dessiner sur la route.

C'est marrant, les réflexes qu'on peut avoir. J'aurais dû m'enfuir. Mais je voyais que le pick-up avançait à vive allure, et que Kyle reculait sans regarder derrière lui, concentré sur la trajectoire du ballon. Mes jambes ont commencé à s'animer toutes seules, et sans même réfléchir, j'ai foncé vers la route en hurlant.

Le pick-up a fait une embardée juste au moment où j'arrivais au niveau de Kyle. Je l'ai attrapé comme un ballon de rugby. Il a poussé un ouf quand j'ai comprimé son diaphragme. Il était petit pour son âge, et assez léger. Je l'ai coincé sous mon bras et je suis tombé à la renverse. Kyle m'est retombé dessus. J'ai senti l'air s'échapper de mes poumons. J'ai vu le pick-up rouge corriger sa trajectoire et foncer le long de la route.

– Ça va ? ai-je demandé à Kyle.

En voyant la tête qu'il faisait, j'ai su qu'il allait bientôt mettre la sirène.

Mais c'est une autre sirène qui a retenti. Une voiture de police est apparue au détour d'un virage. Visiblement, elle avait pris le pick-up en chasse mais, en nous voyant couchés sur la route, Kyle et moi, elle s'est rangée sur le côté

– Oh, mon bébé !

Twyla a soulevé Kyle pendant que Sabrina s'age nouillait à côté de moi, une lueur d'inquiétude dans ses yeux bleus.

– Tout va bien ? a-t-elle demandé.

– Ryan, je n'oublierai jamais ce que tu viens de faire, aussi longtemps que je vivrai, a dit Twyla, les yeux pleins de larmes. Tu as sauvé la vie de mon petit garçon.

J'ai fini par retrouver mon souffle.

– Non, j'ai juste…

– … foncé sur la route pour le rattraper, a terminé Sabrina en m'adressant un magnifique sourire.

– Est-ce que tout va bien ? a demandé le shérif en sautant au bas de son 4 x 4.

J'étais toujours assis par terre. Gros plan sur ses bottes. Je ne voulais pas lever les yeux. Je priais pour qu'il s'en aille. J'espérais que ce n'était pas un fan d'*Aidez-nous à attraper un fuyard.*

– Tout le monde est sain et sauf, Dieu merci, a fait Twyla tout en berçant Kyle et en essayant de le calmer. Mon fils est parti en courant sur la route, et il a failli se faire renverser par…

Kyle a hoché la tête d'un air important. De grosses larmes dégoulinaient sur ses joues.

– La voiture arrivait, et Ry… Oh, mon bébé !

Twyla a éclaté en sanglots, et serré Kyle de toutes ses forces. Si elle continuait comme ça, elle risquait de l'étouffer.

– Est-ce que c'était un pick-up rouge ? a demandé le shérif.

Je lui ai lancé un coup d'œil furtif. Il regardait Twyla en fronçant les sourcils.

– Je n'ai rien vu, a-t-elle répondu. J'ai juste vu que mon bébé était en danger.

– Moi non plus, je n'ai pas vu la voiture, a fait Sabrina. Je regardais de l'autre côté.

– Et toi, fiston ?

Le shérif s'est penché vers moi.

– Tu l'as vue ?

– Pas très distinctement, ai-je fait en me demandant si je devais dire la vérité.

Mais pourquoi pas ? Pourquoi devrais-je protéger la Caravane ?

– Euh, oui, je crois que c'était un pick-up rouge, ai-je fini par déclarer.

Il a hoché la tête. Il m'a observé longuement, et j'ai baissé les yeux de nouveau en faisant mine d'épousseter mon jean.

– D'où venez-vous comme ça ? a demandé l'homme d'un ton désinvolte.

Mes nerfs jouaient au Yo-Yo. Ce type marchait et parlait calmement, mais il avait l'air d'avoir l'œil. Ses muscles gonflaient sa chemise kaki. J'espérais que je n'étais pas tombé sur le shérif Sylvester Stallone.

– Nous traversons le pays, a repris Twyla. On vient de Caroline du Nord.

– Belle région, a poursuivi le shérif sur le même ton dégagé.

Kyle a commencé à s'agiter dans les bras de sa mère. Kaylen avait recommencé à jouer au ballon à quelques mètres de là. Twyla a reposé le garçonnet au sol.

– Votre région n'est pas mal non plus, a embrayé Twyla. C'est pour ça qu'on a quitté l'autoroute. On voulait visiter le coin.

Le shérif a balayé du regard le camping Kozy.

– Eh bien, il y a des endroits plus jolis que celui-ci, mais je suppose que vous allez faire un petit tour pour découvrir ça, a-t-il dit.

Son regard s'est posé sur moi de nouveau, tandis que je me redressais lentement.

– Comment tu m'as dit que tu t'appelais, déjà ?

– Kyle ! a hurlé Sabrina. Kaylen ! Twyla, ils recommencent à jouer au bord de la route !

Twyla a soupiré.

– Ces enfants sont terribles ! Shérif, ça vous ennuierait de leur faire un peu peur ?

– Mais pas du tout, a-t-il fait.

Il s'est éloigné aux côtés de Twyla.

Sabrina s'est approchée de moi.

– Ne lui dis pas ton vrai nom, a-t-elle murmuré.

– Quoi ?

– Ne lui donne pas, c'est tout, a-t-elle insisté. Pourquoi aller s'attirer des ennuis ? Écoute-moi, Ryan. Si jamais c'est quelqu'un qui connaît par cœur la liste des personnes les plus recherchées par le FBI... Il faut que tu lui racontes un bobard. Dis-lui que tu t'appelles David Wallaby, et que tu viens de Seattle, dans l'État de Washington.

– Qui ça ?

Sabrina suivait le shérif des yeux. J'ai regardé pardessus mon épaule. Il est repassé à notre hauteur sans s'arrêter et est allé jusqu'à sa voiture. Je l'ai vu vérifier quelque chose sur son ordinateur de bord.

– Répète le nom que je viens de dire, m'a ordonné Sabrina d'un air féroce. Répète : David Wallaby.

– David Wallaby, de Seattle, État de Washington. Mais qu'est-ce... ?

Ses ongles se sont enfoncés dans mon bras.

– Fais ce que je te dis, a-t-elle murmuré impérieusement.

Le shérif a quitté sa voiture et est venu vers moi.

– Comment tu m'as dit que tu t'appelais ? m'a-t-il redemandé.

– David Wallaby, ai-je fait.

– C'est marrant. Je croyais que le gamin – il a désigné Kyle de son menton viril, carré – t'avait appelé différement.

– Ramjet, a alors dit Sabrina. Les petits l'appellent Roger Ramjet. C'est son surnom.

Le shérif a hoché la tête d'un air dubitatif.

– Je vois. Eh bien, c'est sans doute un malentendu. Mais mieux vaut tirer rapidement ce genre de choses au clair, tu ne crois pas ? Puisque vous êtes encore là ce soir…

– En fait, ai-je dit, ce n'est pas encore tout à fait sûr qu'on reste ici.

– Parce que tu corresponds à la description de quelqu'un que je suis censé rechercher, a-t-il poursuivi sans tenir compte de ma remarque. Par conséquent, j'aimerais que tu m'accompagnes au poste pendant quelques minutes. Tu crois que tu peux faire ça ?

Ce n'était pas une question. C'était un ordre.

Donc j'ai dit oui.

12 / Incarcération

Ce qu'il appelait le poste était un petit bâtiment en parpaings. Il se composait d'une salle d'attente, le bureau du shérif adjoint était adossé au mur face à la porte d'entrée, et le shérif avait un tout petit bureau à droite du couloir qui menait au parking.

J'ai attendu sur une chaise inconfortable, pendant que le shérif disparaissait dans son bureau après avoir refermé la porte derrière lui. Il devait être en train d'appeler le FBI.

J'ai essayé de sourire à son adjoint à l'autre bout de la pièce, mais il a fait comme si je n'existais pas. C'était un type maigre mais avec du ventre, qui devait s'efforcer de dissimuler sa calvitie précoce sous un chapeau de cow-boy. Je voyais la marque rouge laissée sur son front par le couvre-chef. Ses bottes devaient être trop étroites, parce qu'il les avait enlevées et se frottait les pieds. C'était des santiags à bout pointu. Elles étaient en peau de serpent avec d'énormes surpiqûres. Je me suis demandé s'il arrivait à courir après qui que ce soit avec des chaussures pareilles.

Mais bon, il ne devait pas se passer grand-chose dans ce coin perdu du Nouveau-Mexique.

A ce moment-là, le shérif Dupree a passé la tête par la porte de son bureau et m'a fait signe d'entrer.

– Bon, David, est-ce que je pourrais voir ton portefeuille ?

– Mon portefeuille ?

– Ta carte d'identité, a-t-il précisé.

J'ai dégluti péniblement.

– J'attends, a-t-il dit.

J'ai glissé la main dans la poche arrière de mon jean... mais mon portefeuille avait disparu ! Perplexe, j'ai tâté l'autre poche arrière, puis les deux poches avant.

– Un problème ? a demandé le shérif.

Il n'était pas homme à se laisser surprendre facilement.

– J'ai dû le laisser dans le camping-car, ai-je fait. Ou alors on me l'a volé.

– Je vois.

Il a contemplé un dossier posé sur son bureau.

– Je viens d'appeler le FBI à Albuquerque. Ils m'envoient quelqu'un pour une identification dès que possible. Mon ordinateur est en panne. Donc si tu es vraiment David Wallaby, tu vas devoir attendre un peu. Et sinon...

Il a levé les yeux.

– ... tu t'es fourré dans un drôle de pétrin.

– Et qui croyez-vous que je sois ? ai-je fait.

– Ryan Corrigan. Une espèce de technodélinquant. Ça te dit quelque chose ?

– Non, monsieur. Rien du tout.

– D'accord. Tu veux du café en attendant ?

– Je veux bien, merci, ai-je dit.

Je ne buvais jamais de café, mais je me suis dit qu'il vallait mieux accepter sa proposition. Peut-être que ça l'amadouerait un peu. Même si j'en doutais.

Il a rempli deux tasses et m'en a tendu une. C'était du café noir.

– Désolé, s'est-il excusé. Il n'y a pas de lait aujourd'hui.

– Ça ne fait rien, ai-je dit poliment.

Jamais je n'avais bu un café aussi brûlant et aussi serré. Je me suis étranglé, ce qui était gênant. Puis je me suis dit que c'était très bien : ça lui montrerait que j'étais une petite nature. Un criminel endurci n'aurait aucun mal à avaler un café aussi fort.

Mais il s'est contenté de me donner quelques sucres en me disant d'aller attendre dans le hall.

J'ai poireauté deux longues heures. C'était pire que d'être en détention. Son ordinateur était peut-être vraiment en panne. Ou alors, il voulait juste me faire transpirer un peu. Ils font toujours ça à la télé avec les méchants.

Bien entendu, je n'étais pas un méchant. Mais le FBI était convaincu du contraire. Sauf que je me faisais passer pour quelqu'un d'autre. Donc je n'étais pas censé angoisser. Il n'empêche : je suais à grosses gouttes. Ce qu'il y a de marrant dès qu'on se retrouve au poste de police, c'est qu'on se sent dans la peau d'un coupable.

Quant aux McDoogles, ils devaient commencer à

se demander ce qu'il se passait. Ils avaient promis d'attendre que cette histoire soit réglée. Sabrina m'avait fait signe que tout allait bien quand j'étais reparti dans le 4 x 4.

Le shérif a passé la tête par l'embrasure de la porte.

– Ça ne devrait pas être trop long. Encore un peu de café ?

– Je veux bien, ai-je dit, alors que mon estomac avait déjà du mal à digérer la première tasse.

Mais en le suivant jusqu'à la cafetière, j'ai pu au moins me dégourdir les jambes.

Je suis entré dans son bureau et je lui ai tendu ma tasse. C'est alors que nous avons entendu des éclats de voix dans le hall.

– Mais il faut que je le voie ! a fait la voix de Sabrina. Tout de suite !

On a frappé à la porte, qui était ouverte, et l'adjoint a passé sa tête morose dans l'encadrement.

– Désolé de te déranger, Rafe. Mais il y a une gamine dehors qui…

– Sabrina Seringo, a-t-elle dit en pénétrant d'office dans la pièce.

Elle a posé mon portefeuille sur le bureau du shérif.

– David a oublié ça dans le camping-car.

Le shérif n'a même pas accordé un regard à l'objet. Il a juste hoché la tête lentement à l'intention de son adjoint.

– Merci, Will, je m'en occupe. Et remets tes chaussures, s'il te plaît.

Puis, se tournant vers Sabrina :

– Et tu es…

– La petite amie de David, a-t-elle dit d'une voix très patiente. On traverse tous les États-Unis avec les McDoogles. On garde les jumeaux, et en échange on est nourris et logés gratuitement.

– C'est ce qu'il m'a expliqué, a dit le shérif Dupree en saisissant le portefeuille et en l'ouvrant.

J'ai jeté un coup d'œil à Sabrina. Qu'est-ce qu'elle avait dans la tête ?

– Le père de David va bientôt vous appeler, shérif Dupree, a-t-elle poursuivi. Il dirige un grand cabinet d'avocats à Seattle. C'est quelqu'un de très influent. Il voudrait savoir pourquoi son fils est retenu alors qu'il n'y a aucune charge contre lui.

Le shérif Dupree a fait semblant de ne pas entendre, mais je suis sûr qu'il écoutait. Toutefois, il ne voulait pas laisser Sabrina prendre le dessus. Il a observé le permis de conduire qu'il avait entre les mains. Puis il l'a reposé sur la table, et là j'ai vu. J'ai vu ma photo, mais en dessous était écrit : « David Wallaby ».

La surprise a failli me faire bondir de ma chaise. Sabrina a posé sa main sur mon épaule.

– Tu vas bien, David ? m'a-t-elle demandé. Ils ne t'ont pas fait de mal, n'est-ce pas ?

Le shérif a levé les yeux au ciel.

– Euh… le café était brûlant, ai-je fait.

Sabrina m'a jeté un regard noir. Le shérif s'est balancé sur sa chaise.

– Bon, est-ce que vous allez le laisser partir ? a repris Sabrina en pointant le menton vers l'avant, dans une attitude que je ne lui avais jamais vue. De toute évidence, vous vous êtes trompé de personne. Et en plus, vous vous êtes mis à dos un éminent avocat.

– Je ne peux pas le laisser partir tant que le FBI n'aura pas donné son accord, a répondu le shérif Dupree sans se démonter.

– Dans ce cas-là, pourquoi vous ne leur demandez pas tout de suite ? a-t-elle continué d'une voix doucereuse.

– L'ordinateur est en panne.

– Peut-être qu'il fonctionne à nouveau, a-t-elle insisté.

Toujours en équilibre sur sa chaise, le shérif a avancé la main vers son clavier et, d'un seul doigt, a tapé sur une série de touches.

Il a froncé les sourcils et s'est assis bien droit. Il a continué de cliquer d'écran en écran.

– Apparemment, ce que vous racontez est vrai. Le FBI donne son feu vert.

Je me suis levé, soulagé.

– Super ! Bon, c'était sympa. Surtout, n'oubliez pas d'écrire.

De nouveau, Sabrina m'a foudroyé du regard. Le shérif nous a dévisagés d'une manière qui m'a donné envie de partir d'ici au plus vite. Il sentait bien que quelque chose clochait.

– Eh bien, merci shérif, a lancé Sabrina d'un air radieux.

– Attendez une minute, a dit l'homme en attrapant le téléphone. Je veux qu'on me confirme cette information.

– Mais les McDoogles partent bientôt, a protesté Sabrina. Ce sont eux qui nous emmènent.

– Ils peuvent attendre cinq minutes de plus, a dit le shérif Dupree en composant un numéro.

– Laissons-le téléphoner tranquille, a dit Sabrina en me poussant vers la porte.

Elle a continué à me pousser, dans le couloir puis à travers le hall. L'adjoint nous a vus. Sabrina lui a souri et lui a adressé un petit signe de la main, tout en continuant à avancer.

Juste à ce moment-là, le shérif a crié :

– Ne les quitte pas de l'œil, Will !

L'adjoint nous a regardés, bouche bée. Il était en train d'enfiler sa botte droite. De toute évidence, il n'avait pas des réflexes très rapides.

Sabrina m'a fixé intensément.

– Cours, a-t-elle dit.

– Quoi ?

Mais elle me tirait déjà par le coude, m'entraînant vers la porte.

J'ai entendu les pas de l'adjoint derrière nous. Il essayait de courir avec une seule botte, l'autre étant à moitié enfilée.

– Hé ! a-t-il crié.

Mais il n'était pas très dégourdi, et nous étions rapides. D'un geste, Sabrina a ouvert la porte donnant sur le parking et a piqué un sprint. Je l'ai imitée.

Une Cherokee noire était garée à côté du 4 x 4 du shérif. Sabrina a grimpé dedans et a sorti la clé de contact de sa poche. Où avait-elle dégoté une Jeep ?

– Grimpe ! a-t-elle ordonné. Dépêche-toi !

Que pouvais-je faire d'autre ? J'ai obéi. Sabrina est sortie du parking en faisant crisser les pneus. Elle conduisait vite, en jetant de petits coups d'œil rapides dans le rétroviseur.

– Oh, zut !

J'ai entendu le hurlement de la sirène. J'ai prié pour que notre poursuivant soit l'adjoint, et non le shérif Dupree.

– Qui est-ce qui est au volant ? ai-je demandé en essayant de distinguer le conducteur.

– Je crois que c'est le shérif, a-t-elle dit en accélérant. C'est pas de chance !

– Il a dû recevoir la confirmation du FBI, ai-je commenté.

– Ouais, a-t-elle acquiescé en braquant à gauche toute, dans un nouveau crissement de pneus. Ou alors, il vient d'apprendre que cette voiture a été volée.

13 / En route vers le couchant

– Prochain arrêt : l'Arizona, a dit Sabrina en faisant hurler le moteur.

– Tu as volé une voiture ? ai-je crié. C'est une voiture volée ?

– Ça va, Ryan, a-t-elle répondu calmement. Tu ne veux pas te taire un peu ? Il faut que je me concentre sur ma conduite. Il y a un embranchement pour l'autoroute dans une quinzaine de kilomètres.

C'était peut-être mieux de prendre l'autoroute, compte tenu du fait qu'on frôlait les cent cinquante kilomètres à l'heure, et que le hurlement de la sirène était de plus en plus rapproché.

Je me suis calé dans mon siège et j'ai laissé Sabrina conduire tranquille. Elle s'est engagée sur l'autoroute et s'est mise aussitôt sur la file de gauche. Elle avait l'œil rivé sur le rétroviseur.

– Il gagne du terrain.

– Je sais, ai-je fait. On devrait peut-être se ranger sur le côté.

Pour être honnête, j'en avais marre d'être en fuite. J'étais prêt à baisser les bras. Comment avais-je fait pour atterrir dans une voiture volée, sur une route du Nouveau-Mexique ?

Sabrina a changé de file. Elle a regardé dans son rétroviseur. J'ai regardé dans celui de droite.

– Sabrina, arrête-toi ! ai-je crié. Il nous talonne !

– Tiens-toi bien, a-t-elle prévenu tandis qu'on passait au niveau d'une sortie d'autoroute.

A ce moment-là, elle a donné un brusque coup de volant à droite. On a franchi le rebord et traversé le terre-plein. Mes dents se sont entrechoquées quand on a atterri avec un soubresaut sur la chaussée. Sabrina a mis le pied au plancher, et on a remonté à vive allure la bretelle de sortie.

– Ça le ralentira un peu, a-t-elle commenté.

On a emprunté une route moins fréquentée. Au bout de cinq cents mètres, la sirène a retenti de nouveau.

– Pas de problème, a estimé Sabrina en serrant les dents.

Elle s'est arc-boutée sur le volant pour mieux scruter la route au loin. J'ai regardé dans le rétroviseur de droite, mais il n'y avait aucune trace du shérif.

– Accroche-toi ! a-t-elle crié.

Cette fois, je l'ai écoutée. J'ai agrippé fermement le tableau de bord tandis qu'on s'engageait sur un chemin de terre. Sabrina a dû ralentir, car la voiture peinait à franchir les ornières et les buissons qui surgissaient çà et là au beau milieu du chemin. Puis elle s'est arrêtée et a baissé sa vitre.

– Mais qu'est-ce que… ? ai-je commencé.

– Chut ! a-t-elle fait.

Elle a sorti la tête pour écouter le hurlement de la sirène. Il me parvenait de manière assourdie. Il s'est amplifié, puis il a diminué peu à peu, jusqu'à disparaître complètement.

Sabrina a souri.

– Tu veux que je te donne un conseil, Ryan ? Si tu dois voler une voiture un jour, choisis un 4 x 4.

Elle a passé la première et la voiture est repartie. Elle conduisait vite, mais pas autant qu'avant.

– OK, ai-je dit. Explique-toi.

Elle m'a lancé un regard amusé.

– Par où dois-je commencer ?

– Par où tu veux. Par exemple, où as-tu appris à voler des voitures ?

– Nulle part, a-t-elle répondu. La clé était sur le tableau de bord. Et je me suis dit qu'une voiture pourrait nous être utile. Ne t'inquiète pas, Ryan : on peut la laisser quelque part et appeler le propriétaire pour lui dire où elle est. Il a laissé les papiers dans la boîte à gants.

– Et d'où tu as sorti ce permis de conduire au nom de David Wallaby ?

Sabrina a haussé les épaules.

– Je suis mineure, et comme on m'interdit l'accès à plein d'endroits, je sais que dans n'importe quelle ville, même la plus petite, il y a toujours quelqu'un qui peut me procurer des faux papiers. J'ai dit au type que mon petit copain en avait besoin pour entrer dans un bar.

– Mais David Wallaby ? ai-je insisté. Comment est-ce que tu as inventé ce nom ?

– Je ne l'ai pas inventé, a fait Sabrina avec un super sourire. David Wallaby, c'était mon amoureux quand j'avais sept ans. Je ne sais pas pourquoi, c'est le premier nom qui m'est venu à l'esprit. Et maintenant, avec un ordinateur, on peut fabriquer des papiers au nom de n'importe qui. Comme je t'avais volé ton portefeuille, j'avais ton permis. On s'est contentés de scanner ta photo. Désolée que ça ait duré aussi longtemps.

– Il n'y a pas de mal, ai-je dit, médusé.

– D'autres questions ?

– Et les McDoogles ?

– Je leur ai dit qu'on avait besoin d'une journée, et qu'on essaierait de les rattraper à Flagstaff. Ils ont paniqué quand ils ont vu que tu repartais dans la voiture du shérif. En fait, je crois qu'ils étaient assez contents de reprendre la route. A mon avis, ça leur est égal qu'on les rejoigne ou non à Flagstaff.

– Bon, qu'est-ce qu'on fait maintenant ? ai-je voulu savoir.

Sabrina a éclaté de rire. La vitre était toujours baissée, et ses cheveux bruns ondulaient sous la petite brise.

– On n'a qu'à foncer, a-t-elle proposé.

Elle m'a regardé.

– Allez, Ryan. On est hors de danger. On est libres. Tu ne veux pas reconnaître que tu t'éclates bien ?

– Si c'est ça, s'éclater, je préfère m'ennuyer à mort la prochaine fois, ai-je grogné.

Mais Sabrina n'avait pas tort. C'était excitant de se sentir libre, et de fuir le danger à toute allure.

– Espèce de rabat-joie ! Bon, il n'y a pas de carte dans la voiture, mais si on continue vers l'ouest, en direction du couchant, ça devrait aller.

Le soleil était une grosse boule orangée à l'horizon. Ses rayons inondaient la voiture. Je sentais la fraîcheur de la brise, et en même temps je baignais dans une douce chaleur. J'ignorais ce qu'il y avait derrière nous, et ce qui nous attendait, mais j'étais prêt à tout affronter. Je me sentais vivant, bien vivant.

C'est la dernière pensée que j'ai eue avant de m'endormir.

Était-ce l'effet de toute la tension accumulée ces derniers jours ? Toujours est-il que j'ai dormi à poings fermés, alors que la Jeep ne cessait de tressauter sur cette route de montagne.

Quand je me suis réveillé, l'astre rouge sang était suspendu au-dessus des sommets qui nous entouraient. Le ciel était zébré d'orange et de pourpre. Nous n'étions qu'à quelques minutes de l'obscurité totale, sur une route escarpée de la largeur d'un chemin.

J'ai bâillé et je me suis étiré copieusement.

– Où sommes-nous ?

– Dans les monts Sangre de Cristo, a précisé Sabrina. A l'ouest de Santa Fe.

Mes rudiments d'espagnol étaient suffisants pour traduire.

– Le Sang du Christ ?

En voyant les pins à bois dur teintés de rouge, j'ai frissonné.

– Tu ne crois pas qu'on devrait trouver un endroit où camper ce soir ?

– On y est presque, a expliqué Sabrina.

Elle avait le menton relevé et se tenait bien droite, concentrée sur la route devant elle.

– Où ça ? ai-je demandé.

– Je connais un endroit où on peut s'arrêter pour la nuit, m'a-t-elle répondu d'une voix distraite.

– Je croyais que tu n'étais jamais allée au Nouveau-Mexique.

Sabrina n'a pas répondu. Quelque chose avait l'air de clocher soudain. Elle-même semblait différente, tendue, crispée. Ses mains agrippaient le volant, et sa mâchoire allait d'avant en arrière, trahissant sa nervosité.

Elle a allumé les phares. Ils ont illuminé une clôture à haute tension. J'ai lu l'écriteau :

DÉFENSE D'ENTRER
CLÔTURE ÉLECTRIFIÉE
CHIEN MÉCHANT

– On dirait qu'ils n'aiment pas beaucoup avoir de la visite, ai-je commenté.

Sabrina n'a pas répondu. Elle a arrêté la Jeep et a sauté à terre. Elle est allée jusqu'au portail, et je l'ai vue composer un code sur une espèce de serrure électronique. Le portail s'est ouvert.

Elle est remontée dans la voiture et a passé la première.

– Que se passe-t-il ? ai-je demandé.

Je commençais à croire qu'elle était sourde. Elle n'avait même pas l'air de m'entendre.

Après avoir franchi le portail, elle est redescendue pour le refermer. Puis elle s'est remise au volant de la Jeep et a continué le long du chemin. Je me demandais comment je devais formuler mes questions pour qu'elle réponde quand j'ai aperçu des lumières.

– Où sommes-nous ? ai-je aboyé.

Elle a fini par répondre.

– En lieu sûr, a-t-elle dit doucement.

Elle a encore parcouru quelques centaines de mètres, avant de se garer devant un bâtiment tout biscornu. La lumière filtrait à travers les rideaux des fenêtres, et une lampe extérieure était allumée au-dessus d'une grille en fer. La lueur des phares projetait des ombres étranges sur les murs. Je me suis rendu compte que la maison était construite avec des pneus de voiture. Les joints étaient en ciment.

– Qu'est-ce que c'est que ça ? Une soucoupe volante Goodyear ?

Sabrina a éteint les phares. Elle a tendu le bras et m'a serré le genou.

– Laisse-moi parler. On n'aura peut-être plus l'occasion d'être en tête à tête tous les deux. Ryan, je t'aime vraiment beaucoup. Je tiens à ce que tu le saches.

– Mais pourquoi… ?

Elle a accentué sa pression, et je me suis tu. Elle avait l'air vraiment féroce.

– Fais-moi confiance, a-t-elle dit. J'ai fait ce qui me semblait le mieux. J'ai…

Soudain, des projecteurs se sont allumés. J'ai pu alors mieux observer l'énorme construction pleine de recoins. Puis je l'ai aperçu, garé sous un arbre : le pick-up rouge.

– La Caravane ! ai-je fait. Tu m'as amené jusqu'à eux ! Sabrina...

La lumière crue a inondé son visage, aussi pâle que la surface d'un lac gelé. Ses yeux n'avaient pas la moindre expression.

Un type grand et maigre a surgi de l'obscurité. Il avait les cheveux argentés et portait un jean noir avec une chemise bleu ciel. Il s'est approché de nous et a ouvert la portière de Sabrina.

– Je commençais à m'inquiéter. La fréquence de la police disait que...

– C'est bon, a coupé Sabrina. On s'en est sortis.

Le type avait les yeux d'un bleu extrêmement pâle. Comme ceux de Sabrina.

Elle est descendue de la voiture et s'est postée à ses côtés.

– Tu pourrais peut-être nous dire bonjour maintenant, papa, a-t-elle dit.

Il a souri.

– Bonjour Jeremy. Bienvenue chez nous.

14 / La Caravane du millénaire

J'ai ouvert et refermé la bouche tel un poisson hors de l'eau.

Jeremy ?

– C'était comment, ce voyage ? a demandé le type.

– Quelques petites frayeurs, a répondu Sabrina-Jeremy ! Mais dans l'ensemble, ça s'est bien passé.

Il l'a serrée dans ses bras.

– Bravo, ma grande.

Je les ai regardés, médusé. Ils étaient tellement calmes. Tellement... normaux. Comme si Sabrina venait juste de rentrer d'un week-end de marche à pied avec des amis. Et non d'une folle escapade à travers le Nouveau-Mexique avec la police aux trousses, au cours de laquelle elle avait multiplié les trahisons à mon égard.

Le type aux cheveux poivre et sel m'a regardé par-dessus l'épaule de Sabrina.

– Tu dois être Ryan. Bienvenue !

– Ryan, je te présente mon père, a dit Sabrina.

– Attends, ne me dis rien, ai-je fait. Laisse-moi deviner, je trouve ça très drôle. GuildMaster ?

L'homme m'a fixé d'un air tranquille et poli. Il avait même le sourire. J'avais envie de lui casser la figure.

– Appelle-moi Cole, si tu préfères, a-t-il dit.

– En fait, j'ai quelques idées d'autres noms qui vous iraient beaucoup mieux, ai-je fait. Kidnappeur, par exemple.

Il n'a pas bronché.

– Ne juge pas tant que tu n'as pas entendu ce qu'on a à te dire, a-t-il répondu aimablement. Bon, je suppose que vous avez faim, et vous n'avez pas l'air d'être bien réchauffés. Entrons.

J'ai failli refuser. Je voulais croiser les bras et rester dans la voiture. Je voulais arracher les clés des mains de Sabrina et me tirer d'ici.

Mais comment est-ce que je ferais pour passer le portail ? Et en admettant que j'y arrive, où est-ce que j'irais ? J'étais au milieu de nulle part. Ils connaissaient leur territoire. Ils me retrouveraient.

J'ai regardé Sabrina. Je voulais qu'elle me rende mon regard. Mais elle contemplait attentivement le bout de ses chaussures.

Je n'étais pas au bord de l'explosion. Au contraire, j'avais envie d'imploser. J'aurais voulu que mon corps se comprime, qu'il explose à l'intérieur, qu'il se réduise en particules de poussière que le vent emporterait. Je graviterais autour de la Terre pendant des siècles. Je ne ferais qu'aggraver l'effet de serre. Je réfracterais la lumière. Je provoquerais de magnifiques couchers de soleil.

Je serais débarrassé de mon corps.

Et de mon cœur.

Mais je n'ai pas implosé. Donc je les ai suivis à l'intérieur.

Nous avons pénétré dans une grande pièce toute en longueur avec des tables adossées aux murs. Sur les tables étaient posés tout un tas d'équipements informatiques. Certaines machines étaient à même le sol jonché de câbles. Il n'y avait pas d'autres meubles, à l'exception d'un banc installé devant une cheminée triangulaire, comme celles qu'on trouve fréquemment dans le sud-ouest des États-Unis. Je sentais l'odeur du feu de bois.

J'ai jeté un coup d'œil aux ordinateurs. Ce n'étaient pas des machines d'amateur. Rien que du matériel dernier cri.

Deux personnes travaillaient dans un coin de la pièce. Je voyais la lueur bleutée de leur écran.

– C'est notre grande salle informatique, a expliqué Cole. Suivez-moi.

Nous avons franchi une porte assez basse qui donnait sur un couloir étroit. Les murs étaient construits avec les mêmes matériaux : pneus et ciment. Le couloir débouchait dans une autre vaste pièce. Elle contenait trois grandes tables bordées de chaises. On aurait dit une sorte de réfectoire.

Au fond de la pièce, une porte s'ouvrait sur la cuisine. Un homme et une femme y préparaient à manger. Plusieurs individus étaient installés autour de la table la plus éloignée ; ils mangeaient dans des assiettes multicolores. Il y avait dans ce spectacle quelque chose d'étrange, et j'ai fini par comprendre d'où ça venait. D'abord, tout le monde était vêtu d'un jean noir et d'une chemise bleu ciel. Ensuite, personne ne parlait ni ne faisait le moindre bruit. Même ceux qui faisaient la cuisine.

– Voici le bloc B, a commenté Cole. Salle à manger, buanderie, douches.

– Fascinant, ai-je ironisé.

Cole a avancé une chaise pour moi, et une autre pour... Jeremy. Ce n'était plus Sabrina, la fille souriante et spirituelle que j'avais connue, la passionnée de photo qui – ça ne m'avait pas frappé jusqu'à maintenant – n'avait même pas d'appareil, la fille qui m'avait regardé droit dans les yeux en me disant : « Je t'aiderai ».

C'était devenu une nouvelle créature répondant au nom de Jeremy. Il fallait que je reformate toutes les données que je possédais sur elle.

Cole a fait un signe à la femme qui faisait la cuisine, et elle a hoché la tête. Un instant plus tard, elle nous apportait deux assiettes, des couverts, un pichet d'eau et deux verres.

– Enchiladas aux légumes et haricots rouges, a alors annoncé Cole.

L'arôme était incroyable. De petites bulles de fromage éclataient sur le dessus, et les haricots rouges étaient parsemés d'oignons et d'herbes aromatiques. J'avais vraiment l'estomac dans les talons. Jeremy a pris sa fourchette et a tout de suite attaqué son repas, mais j'ai hésité.

– Mange, a insisté Cole. Sona est une excellente cuisinière. Comme programmeuse, elle n'était pas terrible. Maintenant, elle s'occupe exclusivement de la cuisine.

Je n'ai pas bougé.

Cole a haussé les épaules.

– Tu fais ce que tu veux.

– Ce que je veux, c'est rentrer chez moi, ai-je dit.

– Mais tu ne peux pas rentrer chez toi, n'est-ce pas ? a fait Cole. Et de toute façon, on ne peut pas redescendre de la montagne après la tombée de la nuit. Alors détends-toi. Je t'assure qu'on ne te retiendra pas ici contre ton gré.

– Vous parlez sérieusement ? ai-je fait. On m'a piégé, on m'a kidnappé, on m'a raconté des salades. Je suis dans un endroit où je n'ai pas envie d'être, derrière un portail clos, sans aucune autre issue. Et on ne me retient pas contre mon gré ?

– On te redescendra quand il fera jour, a répondu Cole. Tu peux partir quand tu veux. On voulait juste te parler. On voulait que tu entendes la vérité. Parce que tu es l'un des nôtres, même si tu l'ignores. Je te promets que tu seras d'accord avec tout ce que tu verras ici. Tu comprendras qu'on n'est pas des criminels. J'espère même que tu choisiras de te joindre à nous.

– Pas la peine de gaspiller votre salive, ai-je dit.

Je ne croyais pas un mot de ce qu'il me racontait. Cet endroit me faisait froid dans le dos, et j'étais convaincu que je ne pouvais pas m'en aller comme je voulais. Ils allaient me faire subir un lavage de cerveau et, bientôt, moi aussi je porterais un jean noir et une chemise bleu ciel, et je ne ferais aucun bruit avec mes couverts en mangeant.

– Si ce que vous faites n'est pas illégal, alors pourquoi vous cachez-vous dans cette espèce de vaisseau Goodyear ? ai-je demandé, excédé. Pourquoi m'avez-vous kidnappé ? Je veux m'en aller. Maintenant !

– Je te l'ai déjà dit, a fait Cole en baissant la voix. Nous ne quittons jamais le centre à la nuit tombée...

J'ai repoussé ma chaise bruyamment. Elle a glissé et est allée s'écraser contre la table derrière moi. Tout le monde a levé les yeux de son assiette, pour les baisser à nouveau rapidement. Jeremy a immobilisé sa fourchette dans les airs. Elle a fait mine de se lever, mais elle s'est rassise sur un simple geste de Cole.

– Vous devriez peut-être changer vos habitudes, ai-je dit tout haut. La Jeep a des phares, n'est-ce pas ? Vous pouvez très bien me redescendre. Ou alors, je peux conduire moi-même : je prends le risque. Si vous ne me retenez pas de force, donnez-moi les clés !

– Ryan, calme-toi. Nous ne sommes pas...

– Il y a des gens qui savent où je suis, ai-je coupé. Les McDoogles vont trouver ça louche qu'on ne les rejoigne pas à Flagstaff. Ils vont se poser des questions. Et le shérif est loin d'être un imbécile, il finira par savoir qui je suis. Puis il découvrira l'identité de Sabrina. Pardon, de Jeremy.

Cole a souri et secoué la tête tristement. Et juste derrière moi, j'ai entendu quelqu'un chanter. C'était la musique des *Mystères de l'ouest*.

Je me suis retourné. Bud et Twyla étaient là dans la cuisine. Twyla goûtait le contenu d'une grosse marmite avec une cuiller de bois. Bud disposait des enchiladas dans une assiette.

Mon estomac s'est noué. Bud m'a fait un grand sourire. Il a agité sa fourchette dans ma direction.

– Salut mon gars ! Je suis content que tu aies fini par arriver !

J'ai plissé les yeux, très fort, tandis qu'un sentiment de rage et d'impuissance me submergeait. L'image de Bud et de Twyla a continué à danser devant moi. J'étais plongé dans un cauchemar dont je n'arriverais pas à m'échapper.

Car je venais de réaliser que personne ne savait où j'étais. Et que, par conséquent, personne ne pourrait venir à mon secours.

15 / Les habits neufs de l'empereur

Je m'étais fait avoir. En beauté.

Moi, le type qui ne faisait jamais confiance à personne. J'étais vraiment un rigolo.

– Rassieds-toi, Ryan, a dit Cole d'un ton calme. Nous ne sommes pas une secte, OK ? Tout ce que je te demande, c'est de me consacrer une matinée. Une seule matinée. Demain je te ferai faire le tour du propriétaire. Et si tu veux partir dans l'après-midi, aucun problème. Tu as ma parole.

Je ne savais pas si je devais le croire. Mais, de toute façon, je n'avais pas le choix. J'étais coincé là jusqu'à ce qu'il veuille bien me laisser partir.

– Écoute, on n'y est peut-être pas allés de main morte, a-t-il poursuivi. Mais on ne te voulait pas de mal. On n'aurait jamais laissé le FBI te mettre la main dessus. Il fallait que tu prennes la fuite, parce qu'on avait besoin de toi ici.

– Mais pourquoi ? ai-je explosé. Pourquoi moi ?

– Tu le sauras demain, a dit Cole. Mais maintenant, je pense que tu devrais manger. Et tâche de bien dormir.

Ils m'ont conduit dans une chambre qui ressemblait à une cellule. Mais elle était équipée d'une petite cheminée, et il y régnait une chaleur agréable. Un futon était replié sur un sommier à lattes ; une couette bien épaisse recouvrait le tout.

– Voici ton cube, a expliqué Cole. Le confort y est assez rudimentaire, mais je pense que tu ne seras pas trop mal.

– Dors bien, m'a dit Jeremy.

C'était la première fois qu'elle m'adressait la parole depuis notre arrivée.

– Pas de problème : je vais dormir comme un bébé, ai-je répondu avec sarcasme.

Elle a évité mon regard.

– Jeremy m'a expliqué que vous étiez devenus amis pendant le voyage, a fait Cole.

– Je ne parlerais pas d'amitié, ai-je rétorqué d'une voix méprisante. On ne peut pas être ami avec un Judas. Sabrina est un faux. Elle ressemble à quelque chose de vrai, mais elle est entièrement bidon.

Jeremy a détourné la tête d'un mouvement vif, et ses longs cheveux sont venus fouetter son visage.

– Tu ferais peut-être mieux d'y aller, a fait Cole en poussant un soupir.

Jeremy est restée muette. Elle a disparu dans l'embrasure de la porte.

« Bon débarras », ai-je pensé.

– Tu l'as blessée, a-t-il repris. C'est quelqu'un qui a du cœur, Ryan. Mais je ne veux pas me mêler de vos histoires. Bonne nuit.

Il était tard, et j'étais fatigué. Vidé. J'ai à peine pu

me traîner jusqu'au futon. Je me suis endormi immédiatement. La dernière chose à laquelle j'ai pensé, c'est la manière dont Jeremy m'avait dit « Fais-moi confiance », dans le 4 x 4. Fais-moi confiance…

– Ça aura été ma première erreur, ai-je murmuré avant de sombrer dans le sommeil.

Le lendemain matin, je suis allé directement au réfectoire. Tout le monde avait l'air concentré sur son travail. Mais tous ceux que j'ai croisés m'ont souri ou adressé un petit signe amical.

En plein jour, l'endroit paraissait moins mystérieux. Il n'y avait pas de toiles d'araignée au plafond, et personne ne me jetait de regards malveillants. Si c'était une secte, ça n'avait pas l'air sinistre. Le soleil entrait à flots par les fenêtres, et les gens ne tournaient pas en rond avec des sourires idiots, en me tendant des fleurs en plastique. En fait, l'endroit ressemblait à un grand bureau paysagé.

Le coin repas étant désert, je me suis assis seul à une table. Quelques secondes plus tard, j'ai vu apparaître Sona. Elle m'a dit bonjour gentiment et a posé devant moi un bol de porridge fumant, ainsi qu'une assiette avec des pommes coupées en quartiers et du raisin. Ensuite elle m'a servi du thé dans une grande tasse à rayures jaunes et bleues.

J'étais affamé. J'ai tout avalé jusqu'à la dernière miette. Sona est revenue remplir mon bol. Cette fois, elle m'a apporté un énorme toast saupoudré de cannelle. Je me suis régalé.

– C'est délicieux. Je commence à regretter de ne pas avoir pas goûté aux enchiladas, ai-je dit.

Elle a souri.

– Tu pourras te rattraper sur la fricassée de volaille ce soir.

– Désolé, ai-je fait. Je pars en début d'après-midi.

Son sourire s'est évanoui. Elle s'est penchée pour remplir ma tasse.

– Quand tu auras fini, Cole t'attend dans le bloc A – c'est par là que tu es arrivé hier soir –, sur le site 2. Les portes sont numérotées.

Sur ce, elle a disparu dans la cuisine.

J'ai avalé quelques gorgées de thé, puis je me suis levé pour aller retrouver Cole.

Mais j'ai décidé de faire un petit détour. Sona était occupée dans la cuisine donc, au lieu d'aller directement au bloc A, j'ai emprunté un autre couloir. Je pourrais toujours leur raconter que je m'étais perdu. Ce serait facile à croire, car les couloirs étroits formaient un vrai labyrinthe.

J'ai pris à gauche après les douches, en allant vers l'arrière du bâtiment. Je suis passé devant la buanderie. Le couloir se séparait en deux, je suis allé à gauche.

Derrière une des portes, j'ai entendu une sorte de bourdonnement. Je me suis arrêté et j'ai poussé la porte.

Jeremy était penchée sur un tour de potier. Je l'ai regardée actionner le dispositif avec son pied. Elle fabriquait un bol en argile, et elle avait l'air d'avoir l'habitude. Pas étonnant qu'elle ait des doigts aussi musclés. Elle fronçait les sourcils en lissant les parois de l'objet.

Les étagères adossées aux murs étaient emplies d'assiettes et de tasses à rayures jaunes et bleues.

– Je suppose que c'est ta chambre noire, ai-je fait.

Jeremy a tressailli, sans toutefois lever les yeux.

– Je parie que tu ne sais même pas te servir d'un Polaroid, ai-je insisté.

Elle a arrêté le tour d'un geste brusque. Le bol s'est affaissé sur lui-même.

– Qu'est-ce qu'il y a, Ryan ? Tu as quelque chose à me dire ?

– Tu m'as menti sur quoi encore ? Sur Eric Clapton ? Sur les mauvais films de science-fiction ? Et puis tu détestes les Cheerios ?

Jeremy a rejeté sa queue de cheval en arrière d'un geste furieux.

– Oui, a-t-elle hurlé. Je t'ai menti sur toute la ligne, d'accord ? C'est ça que tu veux entendre ? On a épluché les archives du vidéoclub et on a repéré tes sites préférés sur le Web. On s'est renseignés sur tes goûts, pour que tu sois persuadé d'avoir trouvé l'âme sœur ! OK ?

– Oui, espèce de faux-jeton, ai-je lancé, écœuré. C'est ça que je veux entendre. Je voulais t'entendre dire que tu étais une menteuse et une hypocrite.

Jeremy a plaqué sa main sur le tas d'argile.

– Voilà, tu as entendu ce que tu voulais entendre, Ryan, a-t-elle dit. J'ai menti parce qu'il le fallait. Ma mission, c'était de t'amener jusqu'ici...

– Et, bien sûr, tu as réussi. Tu aurais fait tout ce qu'on te demandait, n'est-ce pas ?

Elle a posé sur moi ses yeux bleu pâle.

– C'est exact. J'aurais fait tout ce qu'on me demandait. Mais je n'ai pas menti sur l'essentiel. J'étais sincère quand je t'ai dit que je t'aimais beaucoup et que tu comptais pour moi.

– Et je suis censé te croire ? ai-je demandé en émettant un rire étranglé. Tu me prends pour un idiot, ou quoi ?

Jeremy a baissé les yeux. Elle a malaxé l'argile pendant une minute.

– Je trouve que tu es quelqu'un de super, a-t-elle dit d'une voix douce. Je pense que tu es le mec le plus intelligent que j'aie connu, et le plus drôle, et le plus sympa.

J'ai pris appui sur le chambranle de la porte.

– Waoh, quel honneur ! Car ce n'est pas le choix qui manque ici…

– On n'a pas toujours vécu au centre, Ryan, a-t-elle expliqué. Quand je t'ai dit qu'on déménageait tout le temps, c'était vrai. C'est pour ça qu'on s'est bien entendu tout de suite, toi et moi. Moi aussi j'ai fréquenté des dizaines d'écoles différentes.

Elle s'est remise à travailler l'argile.

– Mon père n'est pas quelqu'un de méchant. Il est un peu obsessionnel…

– C'est le moins qu'on puisse dire !

– … mais il croit en ce qu'il fait. On est du côté des justes. Papa pense que le nouveau millénaire annonce un monde meilleur.

– OK. Épargne-moi ton laïus, s'il te plaît.

– Tu n'avais pas rendez-vous avec lui ce matin ? a demandé Jeremy.

– Si. Il m'offre une visite gratuite du pays des merveilles.

Elle a soupiré.

– Pourquoi tu ne vas pas le rejoindre, alors ? Comme ça tu en apprendras un peu plus sur nous. Après, on pourra discuter.

– Ça ne m'intéresse pas de discuter avec des faux-jetons, ai-je rétorqué.

J'avais les joues en feu et je tremblais. Je suis sorti en claquant la porte.

Cole se tenait dans le couloir, les bras croisés. S'il avait entendu notre conversation, il n'en a rien laissé paraître.

– Après vous, mon seigneur et maître, me suis-je moqué. Je suis prêt pour la visite.

Cole m'a guidé à travers le centre, en se concentrant sur les salles de travail. J'ai essayé de ne pas montrer à quel point j'étais impressionné par la qualité du matériel et par le type de travail qu'ils faisaient. Si le centre avait été une université, je m'y serais inscrit tout de suite !

Au bout d'un moment, on s'est arrêtés sur le site le plus important du bloc A. C'était une vaste pièce sans fenêtre remplie d'ordinateurs. Il n'y avait pas de séparation entre les différents postes de travail. Un tableau en liège recouvert de mémos et de bouts de papier occupait tout un pan de mur. Il y avait des écrans, des manuels de programmation, des câbles, des fils électriques et des circuits imprimés partout. Sur un tableau, on avait écrit au marqueur : « Quand tout est parfait, vérifier une dernière fois ».

Deux types jouaient aux fléchettes. Ils ne se sont pas précipités sur leur poste de travail quand ils ont vu Cole. Ils lui ont simplement fait un signe amical avec leurs fléchettes.

– Ryan, tu es bien placé pour savoir que l'avenir de notre civilisation sera numérique, a commencé Cole. Des millions d'informations codées circuleront à travers des câbles reliés à des systèmes. Mais combien se sont demandé à quel point nous étions dépendants de tout le système, et ce qu'il adviendrait si un groupe ou une organisation cherchait à s'emparer des informations stockées dans tous les ordinateurs du pays ?

– Il n'existe aucun groupe capable de faire ça, ai-je objecté. Les mots de passe et les contrôles d'accès, ce n'est pas fait pour les chiens. Il y a de multiples dispositifs de sécurité.

– N'importe quel lycéen un peu doué en informatique peut les contourner sans problème. Si toi, tu es capable d'accéder au répertoire racine d'un prestataire de services en ligne, ou de faire disjoncter à distance un système électrique, tu imagines ce qu'un groupe de cerveaux très brillants peut faire ? A ton avis, que pourrait faire le gouvernement américain, ou les banques, ou un pays étranger ?

– Ou la Caravane du millénaire ? ai-je complété.

Il a secoué la tête.

– Au contraire. Nous sommes là pour protéger la démocratie.

– Rien que ça ! ai-je fait. En fait, vous êtes le superflic d'Internet.

A ce moment-là, j'ai reconnu le type installé à la

console la plus proche de moi. C'était le conducteur du pick-up rouge. Quant à l'autre type, celui qui avait les cheveux raides comme des baguettes, c'était lui que j'avais vu tondre la pelouse en chaussures de ville marron.

– Je pense que tu connais Komodo, a fait Cole. On s'appelle par nos alias ici.

– Salut, Catcher, a dit Komodo.

– Salut, ai-je répondu. Je peux te donner un bon conseil ? La prochaine fois que tu surveilles quelqu'un, achète-toi des baskets. Personne ne tond la pelouse en chaussures de ville.

Cole a hoché la tête.

– Komodo est notre expert en cryptographie. L'espionnage n'est pas son rayon ; en fait, nous sommes tous des amateurs dans ce domaine.

– Je ne suis pas de cet avis, ai-je objecté. Votre fille est une vraie pro du mensonge. Elle pourrait travailler pour les services secrets sans problème.

– Et voici Topcat, a repris Cole en me présentant un type avec d'énormes lunettes, qui m'a adressé un bref signe de tête avant de se tourner à nouveau vers son écran. Et NancE.

Une femme mince et nerveuse aux cheveux orange m'a gratifié d'un petit sourire.

– Tu devrais être fier d'avoir été choisi, Ryan, a-t-il dit. Notre groupe compte quelques-uns des informaticiens les plus doués du pays. Nous avons d'anciens programmeurs parmi les plus performants. Certains d'entre eux ont travaillé pour le gouvernement, sur des projets classés secret défense.

– OK, je suis impressionné, ai-je fait. Mais vous ne m'avez pas dit à quoi servait toute cette débauche de matière grise.

– Remarque pertinente. Asseyons-nous.

De la main, Cole a désigné une banquette.

– Si j'insiste sur les compétences de ces gens, c'est pour te montrer que tu n'es pas n'importe qui, Ryan. Tu es le premier que nous voulions recruter.

– Recruter ? Drôle de terme pour un véritable kidnapping, ai-je ironisé. Vous avez fait le coup du FBI à tous ceux qui sont là ?

Cole a secoué la tête.

– S'ils sont ici, c'est parce qu'ils l'ont choisi. Nous les avons contactés via Internet, et ils sont venus. Tu es la seule personne pour qui nous avons été obligés... d'employer des mesures exceptionnelles.

– D'accord, ai-je dit. Je répète ma question. Pourquoi tout ça ?

– Tu connais l'histoire des habits neufs de l'empereur ? m'a demandé Cole.

– Bien sûr. Je l'ai lue quand j'étais petit. Le tailleur fait croire à l'empereur qu'il lui a fabriqué des habits superbes, sauf qu'ils n'existent pas vraiment. Il le flatte tellement que l'empereur finit par voir réellement les habits lui aussi. Alors tout le monde s'extasie sur son élégance, parce que personne n'ose lui faire remarquer qu'il est en caleçon.

– Exactement, a dit Cole. Eh bien, à notre époque, l'informatique c'est un peu comme l'empereur. Tout notre système tient à un fil invisible. Tout le monde sait que c'est ainsi, mais personne ne veut admettre à quel point nous sommes en danger. Mais juste après minuit, le 31 décembre 1999, quand l'horloge marquera la première minute du nouveau millénaire, toutes les règles vont changer, mon ami.

– Le bogue de l'an 2000, ai-je dit avec un haussement d'épaules. Dans la plupart des logiciels, surtout ceux qui ont été écrits dans d'anciens langages comme le Cobol ou le Fortran, et qui forment encore la base de nombreux programmes, la date est codée sur six chiffres, avec une notation abrégée à deux chiffres. Ce qui veut dire que certaines horloges confondront les deux zéros de l'an 2000 avec ceux de l'année 1900, et qu'il y aura du cafouillage dans l'air. Mais…

– Tous les systèmes sont concernés, a interrompu Cole. Des applications bancaires aux engins balistiques. De ton courrier électronique à ta ligne téléphonique, sans oublier les ascenseurs, les feux rouges, le contrôle de la navigation aérienne…

– J'ai une nouvelle à vous annoncer.

Cette fois, c'est moi qui lui ai coupé la parole. J'ai vu qu'il n'aimait pas ça, mais il a caché son agacement sous son habituel demi-sourire.

– Tout le monde est au courant de ce problème. Et des centaines de milliers de personnes travaillent dessus. Je sais qu'il y a tout un scénario catastrophe, mais toutes les administrations et toutes les entreprises concernées, de la police aux compagnies de téléphone, sont en train de contrôler et de corriger leurs systèmes. Une société informatique, SysTem2000 je crois, a quasiment le monopole de la mise en conformité des programmes.

Cole a hoché la tête.

– Tu es très au courant. SysTem2000 a passé des contrats avec le gouvernement, les opérateurs de télécommunications, les banques... Le personnel de cette société est le plus compétent, le plus rapide, le plus intelligent. Quant au coût de la mise à la norme an 2000, il est effarant. Le fisc l'estime à cent cinquante-cinq millions de dollars. Le Pentagone ne veut pas donner de chiffres, mais ce coût doit être bien supérieur. La plus grande banque américaine l'évalue à deux cent cinquante à trois cents millions de dollars.

– Et alors, où est le problème ? ai-je demandé. Si les programmeurs ont pris les choses en main, l'empereur ne devrait pas être trop mal habillé. Il n'y a aucune raison de paniquer.

– C'est ce qu'on verra, a répondu Cole.

– Tout à fait. Faites-moi penser à vous appeler le 2 janvier 2000. Je peux partir maintenant ?

Mais quelque chose clochait. Je savais que Cole ne m'avait pas tout dit. Il avait l'air sûr de lui, suffisant. Et il n'avait pas répondu à ma question. Pourquoi avait-il réuni des programmeurs et des ingénieurs système à cet endroit ? Et qu'est-ce qu'il me voulait ?

Et puis ça a fait tilt dans ma tête.

– J'ai compris, ai-je dit lentement en le regardant alors droit dans les yeux. Vous n'êtes pas du genre à « attendre et voir ». SysTem2000, c'est vous !

Son sourire s'est élargi.

L'air a quitté mes poumons d'un coup.

– Ça veut dire que c'est vous qui serez aux commandes. Vous qui contrôlerez pratiquement tout !

16 / Crise d'angoisse

Cole m'a adressé un sourire épanoui.

– Tu vois pourquoi nous t'avons choisi ? a-t-il dit.

Une lueur d'admiration brillait dans ses yeux bleu pâle. Et pour un peu, je me serais pris pour Einstein junior.

– Tu es des nôtres. Tu as beaucoup d'intuition. Tu sais comment te faufiler. Je savais que je ne m'étais pas trompé à ton sujet.

Durant une fraction de seconde, me suis senti flatté. Comme si je venais d'être admis dans une sorte de confrérie très fermée et très élitiste. Mais je me suis rappelé que les confréries, je trouvais ça bidon.

– N'aie pas peur, Ryan, m'a rassuré Cole sans cesser de sourire. Tout ce que nous faisons ici est parfaitement légal. SysTem2000 corrige des programmes pour les entreprises et pour les administrations américaines. Mais dans le code, nous laissons une trace.

– Un virus, ai-je supposé.

– Nous préférons appeler cela un signal, a rectifié Cole. Un signal d'alarme. Après le douzième coup de minuit du 31 décembre 1999, l'ensemble des systèmes de contrôle des États-Unis – financiers, commerciaux, de télécommunications, de transports – seront entre les mains de SysTem2000. Qui est, bien sûr, la partie émergée de la Caravane du millénaire.

J'ai essayé de ne pas montrer d'émotion.

– Et qu'est-ce que vous comptez faire à ce moment-là ?

Cole a souri.

– Absolument rien. C'est ça qui est bien dans ce plan. C'est pour cela qu'il n'a rien d'illégal. Cela seul suffira à nous donner le pouvoir. Nous diffuserons un message sur les réseaux de communication pour informer le gouvernement et les entreprises que nous avons le contrôle. Les gens réaliseront à quel point ils sont vulnérables. Une révolution aura lieu dans leurs têtes. Ils se rendront compte qu'ils sont esclaves de la technologie. Qu'ils ont eu tort de s'en remettre aussi aveuglément à elle. Et à ce moment-là seulement, ils seront prêts pour le nouveau millénaire. Parce qu'ils vont revenir en arrière. Vers un âge plus simple, vers des infrastructures plus décentralisées. Ils réaliseront que leur survie dépend de la communauté. Une communauté dont les différents membres se voient, se connaissent, se rencontrent dans les salles à manger, les tribunaux, les bureaux. Les atomes sont à la base de toute vie, Ryan. Pas les bits que transmettent les câbles !

Les yeux de Cole lançaient des éclairs et il parlait d'une voix profonde, exaltée. Ses paroles résonnaient dans ma tête, et tout semblait logique, juste. Était-ce un illuminé ou un génie ?

– Et c'est pour ça qu'on a choisi le terme de Caravane, Ryan. Je ne sais pas si tu te souviens bien de tes cours d'histoire, mais au Moyen Age, des groupes de marchands ambulants ayant des intérêts similaires formaient des caravanes pour se protéger. Ils faisaient front en cas d'attaque, et veillaient à leurs intérêts mutuels. Ensuite, ces caravanes sont devenues des guildes. Un frère protégeait son frère. Un ouvrier protégeait un autre ouvrier. Les guildes ont conclu des alliances avec d'autres guildes. C'était un système beaucoup plus démocratique qu'aujourd'hui. Nous pouvons très bien y revenir. Il faut cesser de voir en grand, et aller vers des entités plus petites. Nous devons décentraliser, et non le contraire. Nous vivrons une révolution philosophique au prochain millénaire. Cette révolution sera pacifique. Et notre petit groupe de visionnaires montrera la voie.

D'un ample geste du bras, Cole a désigné tous ses compagnons présents dans la salle.

Qu'est-ce qui me gênait dans ce tableau ? Le zinzin d'informatique armé de sa petite fléchette n'avait pas vraiment le profil du révolutionnaire.

– Joins-toi à nous, Ryan, a repris Cole. Tu ne veux pas sauver le monde ?

– Il me semble que vous avez déjà tout bien programmé, ai-je répliqué. Pourquoi avez-vous besoin de moi ?

Cole s'est tourné vers moi.

– Pour le réseau électrique national, tout d'abord. On n'a pas réussi à percer leur système de protection. Or il faut à tout prix qu'on ait accès à ce réseau. C'est la dernière pièce manquante du puzzle. Et c'est pour ça qu'on a besoin de toi.

Alors c'était donc ça ! J'ai failli éclater de rire. Ils m'avaient repéré, ils m'avaient tendu un piège, ils avaient tout fait pour que je rejoigne leurs rangs... tout ça pour un truc que je ne savais même pas faire !

– Désolé de vous décevoir, ai-je fait. Je l'ai déjà dit à Sab... Jeremy. Je ne sais pas comment faire pour forcer la porte de leur système. J'en ai un peu rajouté en racontant mes exploits, et le journaliste a tout compris de travers.

– Je sais tout cela. Mais ça ne veut pas dire que tu n'y arriveras pas si tu essaies une nouvelle fois. Sauf que là, tu auras des gens pour t'aider et du matériel nettement plus performant. Tu te rends bien compte, Ryan ? Tu vas avoir toute une équipe à ta disposition.

– Désolé, ai-je dit. Vous avez essayé de me vendre votre camelote, et je ne suis pas preneur. Quand est-ce que je peux partir ?

Un certain temps s'est écoulé avant qu'il daigne se lever.

– D'accord, a-t-il dit. Je n'essaierai pas de te faire changer d'avis.

Puis il est allé jusqu'au téléphone et a composé un numéro.

– LuddMan, amène le pick-up. Je voudrais que tu ailles jusqu'à Santa...

Il s'est tu pour laisser parler son interlocuteur. J'ai vu ses lèvres se serrer.

– Je n'ai pas donné mon autorisation pour...

Il s'est interrompu à nouveau.

– Je vois.

Tous les muscles de son visage se contractaient tandis qu'il essayait de ne pas s'énerver. Il n'avait pas l'air de faire semblant.

J'ai senti que je n'allais pas redescendre de la montagne aussi tôt que prévu.

Cole a raccroché.

– Je sais que je t'avais fait une promesse. Mais il semblerait que Bud ait pris le pick-up pour aller faire des courses.

Il a passé sa main dans ses cheveux coupés ras.

– Tout n'est pas toujours parfaitement organisé ici, a-t-il expliqué.

Puis il m'a souri.

– Au moins, ça prouve qu'on n'est pas une secte. Demain, quelqu'un te conduira à Santa Fe ou à Albuquerque. Je te paierai le bus jusqu'en Californie.

– Et la Jeep ? ai-je demandé.

– Je ne tenais pas à ce que tu repartes dans une voiture volée, a-t-il dit. Et personne ne veut d'une chose pareille au centre. Nous l'avons ramenée de bonne heure ce matin.

– Elles sont belles, vos promesses, ai-je commenté.

Mon cœur battait furieusement. Je me suis senti piégé.

Il m'a gratifié d'un sourire qui m'a fait penser à Sabrina-Jeremy. C'était un sourire légèrement en biais, avec une lueur de malice qui vous donnait envie de devenir amis pour la vie. J'ai tout fait pour refouler cet élan.

– Bon, il semblerait que tu as une journée de libre,

a-t-il dit. En général, Bud part pour la journée. Il ne rentrera pas avant la nuit.

– Demain matin à la première heure, dans ce cas ? ai-je fait.

Cole a hoché la tête. Son regard était clair, sincère.

– Tu as ma parole.

J'ai déjeuné avec NancE et un type qui se faisait appeler Hypertexte. On a parlé d'informatique et, en fait, j'ai passé un bon moment. Ce n'étaient pas des zombies, et ils n'avaient pas l'air trop zinzin. Ils semblaient parfaitement normaux, si ce n'est que c'étaient des excités du clavier. NancE fronçait le nez toutes les trois secondes, mais c'était un tic, et non le signe d'une grave maladie mentale. Et la façon dont Hypertexte essayait de bâtir un château avec des sachets de thé était plus ludique qu'inquiétante.

Après le repas, NancE m'a cmmené faire un tour derrière le centre. Elle m'a montré un petit chemin qui menait en pente raide en haut de la colline, et qui démarrait derrière une sorte de remise.

– C'est une petite promenade sympa, a-t-elle dit. D'en haut, on a une assez belle vue.

Je savais que le chemin ne franchissait pas le mur d'enceinte. Mais de là-haut je dominerai le paysage, ça m'aiderait à m'orienter.

J'ai commencé à marcher. L'odeur des pins d'Arizona était fraîche et vivifiante. Je sentais la douce caresse du soleil sur mes épaules.

Là où le chemin commençait à attaquer la colline, j'ai aperçu Jeremy assise sur un petit tertre herbeux. Elle avait relevé ses genoux sous son menton.

J'aurais pu poursuivre mon chemin. Mais je me suis dit que, quitte à passer une journée de plus ici, autant aller lui parler. Je me suis approché d'elle.

– La fois où on a dialogué en direct sur Internet, au début de toute cette histoire, pourquoi tu ajoutais tout le temps « mon pote » et « mec » ? ai-je demandé.

Elle a mis sa main au-dessus de ses yeux pour se protéger du soleil.

– J'essayais de me faire passer pour un mec. C'était idiot, non ?

– Complètement, ai-je fait.

Je me suis assis à côté d'elle.

– Ton père est un peu allumé, ai-je dit. On est tous censés revenir au Moyen Age en l'an 2000.

Jeremy a haussé les épaules.

– Tu trouves que le monde va bien ? Tu crois qu'on sait vraiment ce qu'on fait, quand on remet notre existence entre les mains de machines ?

– Ce ne sont pas les ordinateurs qui nous contrôlent, Jeremy. C'est nous qui les programmons.

– Et ensuite ils nous battent aux échecs, a-t-elle répondu. Écoute, c'est ce qui préoccupe mon père. Les ordinateurs ne peuvent faire que ce qu'on leur dit de faire. Mais qu'arriverait-il s'ils tombaient sous le contrôle d'un seul individu, d'une seule institution ?

– J'en ai parlé avec ton père toute la matinée, ai-je fait en soupirant. Inutile de me faire un discours, d'accord ? J'ai déjà mal à la tête.

Je me suis laissé glisser dans l'herbe.

Jeremy a émis un petit rire.

– Je vois ce que tu veux dire. Ça arrive parfois.

Elle a contemplé attentivement ses mains posées sur ses genoux.

– Écoute, a-t-elle repris. Dans les années 1980, ce sont les hackers qui ont forcé les banques, les opérateurs de télécommunications et le gouvernement à prendre la sécurité au sérieux. Ils leur ont montré que leurs données étaient à la merci de n'importe qui. C'est alors qu'on a développé les logiciels de cryptage et les codes d'accès. Nous prévoyons de faire un peu la même chose sauf que, cette fois, nous sommes très organisés. On va tirer une gigantesque sonnette d'alarme. Mais ce qui se passera après sera profitable à tout le monde.

– Ce que vous faites est illégal, ai-je souligné.

– Et ce que tu as fait dans ton lycée, tu crois que c'était légal ? a demandé Jeremy. Mais tu ne pensais pas mériter la prison pour autant, n'est-ce pas ?

– Mais c'était une blague, un canular ! ai-je protesté. Ce n'est pas du tout pareil.

Jeremy s'est étendue sur le dos. Elle a tourné le visage vers moi, en prenant appui sur son coude. Elle avait une expression malicieuse. Cette expression m'avait manqué.

– C'est exactement la même chose, a-t-elle estimé. Tu ne comprends pas, Ryan ? C'est le plus gros canular de l'histoire de l'humanité. Tu ne veux pas être de la partie ?

Le lendemain matin, Cole est venu me voir dans mon cube avant le petit déjeuner.

– J'ai une mauvaise nouvelle pour toi, a-t-il dit.

Bud a appelé hier soir. Il a coulé une bielle. Il doit rester plusieurs jours à Santa Fe, le temps qu'ils commandent la pièce et qu'ils réparent le pick-up.

– Vous croyez vraiment que je vais avaler ça ?

– Ryan, je sais que je n'arriverai pas à te convaincre, donc je n'essaierai même pas, a répondu Cole. Je tente de te trouver un autre moyen de locomotion. D'ici là...

– D'ici là quoi ?

– Tu n'as pas l'air d'être trop malheureux, a constaté Cole. Je me trompe ? Je t'ai vu jouer aux échecs avec Jeremy hier soir.

Elle m'avait proposé une partie après le dîner. On s'était installés au coin du feu dans un salon du bloc D, qui regroupait la plupart des cubes. Lumière était tamisée, l'ambiance calme, malgré la présence dans la même pièce de quatre autres personnes occupées à lire ou à faire des mots croisés. Je voyais les longues mains dorées de Jeremy déplacer les pièces. La lueur du feu y dessinait de folles arabesques. J'avais du mal à me concentrer.

– Ce n'était pas bien ? a demandé Cole.

– Non, ai-je fait. J'ai perdu. Bon, vous croyez que je pourrai partir d'ici Noël ?

– Ryan, on est dans un coin très isolé de la montagne, a expliqué Cole.

Sa voix exprimait enfin de l'exaspération, ce qui m'a rassuré. Il avait l'air normal. Je connaissais parfaitement le ton de mes interlocuteurs quand je leur tapais sur les nerfs.

– On n'a qu'un seul véhicule, qui tombe en panne

de temps en temps. Je ne peux pas fabriquer une nouvelle voiture juste pour toi. Tu ne peux pas rester un ou deux jours de plus ici ?

– Est-ce que j'ai le choix ?

– Non, je pense que non, a reconnu Cole.

J'espérais avoir l'air fâché, excédé. Ça lui ferait les pieds. Mais en fait, je me sentais très calme.

J'ai repensé au reflet des flammes sur la peau de Jeremy. A un moment donné, en déplaçant un pion, sa main avait frôlé la mienne.

Il fallait que je sois honnête : une partie de moi était aux anges. J'allais pouvoir passer plus de temps avec Jeremy.

17 / Un monde presque parfait

Jeremy et moi, on a passé quarante-huit heures à discuter, à manger, à se promener. Cole a accordé un peu de liberté à Jeremy pour qu'elle puisse passer plus de temps avec moi. Elle m'a même montré comment travailler l'argile. J'ai fabriqué la tasse la plus biscornue qu'on puisse imaginer.

Ces deux journées ont passé plus vite que je ne le pensais. La seule chose qui me tracassait, c'était que ma mère devait vraiment commencer à s'inquiéter.

– J'aimerais bien lui envoyer un courrier électronique, ai-je dit à Jeremy. Juste pour qu'elle sache que je ne suis pas mort.

– Il faut que tu demandes à Cole, a-t-elle répondu. Tous les mails passent par lui, pour des raisons de sécurité. Nous, on n'a accès qu'au réseau interne. Mais je suis sûre qu'il te laissera faire.

Elle a pris un air coupable.

– En fait, j'ai réussi à percer son propre mot de passe. J'avais un petit copain, que j'ai rencontré là où on habitait avant, et je ne voulais pas que mon père lise mon courrier. Il ne l'a jamais su.

– Donc, tu pourrais envoyer un message à ma mère, ai-je dit.

Jeremy a eu l'air gêné.

– Je pense qu'il vaut mieux que tu demandes à mon père. On est sur un système ultra-sécurisé.

J'ai tiqué en entendant ça. Ça m'a mis mal à l'aise. J'ai décidé d'aller voir Cole et de lui poser directement la question. A ma grande surprise, il a dit oui tout de suite. Il m'a juste demandé de ne pas révéler mes coordonnées. Comme je me servais de son logiciel de messagerie, il fallait bien que j'obéisse. Et en admettant que j'arrive à dire à ma mère, en utilisant un code secret, que j'étais quelque part dans les montagnes aux environs de Santa Fe, que pourrait-elle bien faire ?

De toute façon, dans moins de vingt-quatre heures, je serais à Santa Fe, à bord d'un bus en partance pour la Californie.

Ce soir-là, je me suis couché en me disant que Bud rentrerait le lendemain. Je pourrais partir dans l'après-midi, d'après Cole. Après le déjeuner.

Je me sentais très agité, je n'arrivais pas à fermer l'œil. Mon cube étant dépourvu de fenêtre, je m'efforçai d'imaginer une voûte céleste bien sombre, avec une lune argentée. J'étais un peu perdu. Tout ce que j'avais voulu jusqu'à maintenant, c'était m'en aller. Et là, j'en étais à imaginer des raisons pour prolonger mon séjour au centre. Je ne pouvais pas rester uniquement à cause d'une fille. Il fallait que j'adhère au projet de Cole.

Qu'est-ce qui m'attendait à l'extérieur ? La fac, ce

ne serait rien d'autre que le prolongement du lycée. De plus, je m'entendais parfaitement avec Jeremy, et je n'étais pas sûr de retrouver une fille dont j'apprécie autant la compagnie. Ma mère était à l'autre bout du pays, en Caroline du Nord. Je n'avais pas d'autre famille. Pas d'autres amis.

Puis j'ai repensé aux journées que j'avais passées ici. Au centre, tous travaillaient sur des programmes qui me fascinaient. Le cadre était sympa, le paysage splendide. A quoi bon aller suivre un module d'histoire à l'université, alors que je pouvais prendre part ici même à un événement déterminant pour l'avenir de l'humanité ?

Ici, tous les gens parlaient de choses qui m'intéressaient. Pendant son temps libre, Komodo développait un nouveau jeu vidéo. Quant à NancE, elle se passionnait pour l'infographie et le traitement d'images. C'était elle qui avait initié Jeremy à la photo numérique.

Pourtant, quelque chose me tracassait, sans que je sache quoi exactement. Je commençais à avoir sommeil, et j'ai essayé de chasser cette pensée. Mon esprit s'engourdissait, s'acheminait lentement vers le sommeil.

C'est alors que j'ai compris. Personne ne riait ici.

Tout le monde souriait. Tout le monde était très aimable. Mais je n'avais encore entendu personne rire franchement.

Je me suis retourné dans mon lit. Dans l'obscurité, j'ai vu la porte s'ouvrir. Jeremy s'est glissée dans ma chambre. Elle portait un pantalon de jogging et un

T-shirt blanc. Elle s'est avancée vers moi à pas de loup. Ses cheveux étaient d'un noir de jais, et ses yeux faisaient penser à deux morceaux d'étoile.

Elle s'est étendue sur le lit. Nous étions tête-bêche.

– Je n'arrive pas à dormir, a-t-elle expliqué.

– Moi non plus, ai-je fait.

Je lui ai prêté une partie de ma couverture. Moitié-moitié.

– Je n'ai pas envie que tu partes, a-t-elle dit doucement.

Sa main a trouvé la mienne. Une vague de chaleur s'est diffusée dans mes doigts, mes veines, ma poitrine. Elle a atteint mon cœur.

– Imagine, si tu restais, a-t-elle murmuré. On pourrait être tout le temps ensemble. Tu ne trouverais pas ça génial ?

Ma gorge s'est serrée.

– Si.

– Ici, on pourrait avoir tout ce dont on a parlé, a-t-elle continué. Tu te souviens ? On serait tous les deux, au même endroit. On ferait des études, on travaillerait, on passerait du temps ensemble.

Son soupir est parvenu jusqu'à moi, un souffle très doux dans l'obscurité.

– Ne dis rien. Je sais que tu ne resteras pas. Que tu ne peux pas. C'est juste que… je me sens seule, Ryan. Et tu vas me manquer terriblement.

Elle avait la voix étranglée. J'ai imaginé ses joues humides de larmes. J'ai senti que je fondais. Que toutes mes résistances s'envolaient.

A ce moment-là, je ne voulais qu'une seule chose :

dire oui. « Oui, Jeremy, je vais rester. Je vais rester pour toi. »

J'ai été à deux doigts de le dire. Mais j'ai repensé au réfectoire silencieux, aux sourires muets. Rien ne pourrait jamais m'ôter de l'idée que cet endroit avait quelque chose de sinistre. J'ai pressé ses doigts et j'ai retiré ma main.

– On va essayer de dormir, ai-je dit. Bonne nuit, Jeremy.

– Bonne nuit, a-t-elle répondu, une pointe de dépit dans la voix.

Quand je me suis réveillé le lendemain matin, elle était partie. Je suis allé jusqu'au réfectoire, qui était vide, comme d'habitude. Quelle que soit l'heure à laquelle je me levais, j'étais toujours le dernier à prendre mon petit déjeuner. En fait, la plupart des membres de la Caravane allaient se coucher juste après avoir pris le leur. Beaucoup travaillaient la nuit.

Sona avait fait des crèpes. J'en ai bien englouti une demi-douzaine.

– Vous avez des nouvelles de votre pick-up ? lui ai-je demandé.

– En début d'après-midi, a-t-elle répondu.

Elle n'était pas du genre bavard.

Puis je suis parti à la recherche de Jeremy. J'ai commencé par le studio, qui était vide. J'ai poussé la porte à l'arrière du bâtiment et j'ai emprunté le chemin. Le soleil était déjà assez haut dans un ciel limpide. J'ai grimpé jusqu'au niveau du petit tertre. Toujours pas de Jeremy. J'ai réalisé que je n'étais jamais allé jusqu'en haut de la colline pour avoir une vue panoramique. Jeremy s'arrêtait toujours ici ; elle prétendait que c'était son endroit préféré. Cette fois, j'ai continué.

Le chemin était très sinueux. Comme il y avait des arbres partout, je n'arrivais pas à savoir où j'étais. Je me disais que je finirais tôt ou tard par atteindre un mur ou une clôture.

A un moment, à travers les arbres, j'ai vu un reflet argenté. Puis j'ai entendu un bruit d'eau vive. Un torrent ! J'ai quitté le chemin et je suis descendu en dérapant sur les feuilles humides dans la direction du bruit. J'étais un citadin. Les torrents exerçaient sur moi un attrait irrésistible.

Le cours d'eau murmurait en rebondissant sur les galets. Je me suis aspergé la nuque, le souffle coupé par la fraîcheur de l'eau. Ce serait un endroit génial pour venir avec Jeremy.

J'ai longé le lit du torrent, sans perdre de vue le chemin. Ma mère et moi, on choisissait toujours des villes quand on déménageait. La randonnée, c'était nouveau pour moi. Une fois, on avait campé dans les Appalaches, quand j'avais une dizaine d'années. Ce qui m'avait frappé, c'était que tout avait l'air plus net, comme si les contours de la moindre branche, de la moindre feuille avaient été dessinés avec un stylo à encre très fin. Et j'avais vu plus d'oiseaux en une matinée que durant toutes les années qui avaient précédé.

J'ai aperçu un éclair rouge à travers les arbres. Était-ce un oiseau ? Je me suis éloigné du torrent pour m'enfoncer dans le sous-bois. Il n'y avait aucun chemin par ici, j'ai donc dû enjamber les branches et les souches qui jonchaient le sol.

Ce n'était pas un oiseau. C'était un petit camion, recouvert d'une bâche marron, sur laquelle on avait disposé des feuilles et des branches de pin.

C'était le pick-up rouge.

18 / Gros mensonges, petits mensonges

J'ai soulevé un coin de la bâche. Effectivement, c'était le pick-up qui était censé être en ville. Celui qui ne devait rentrer qu'en début d'après-midi.

Deux pelles étaient posées à l'arrière. Elles étaient maculées de boue. A côté, il y avait un bleu de travail et des bottes en caoutchouc. Un objet blanc dépassait d'une des poches du vêtement. Je l'ai ramassé, et j'ai vu que c'était une carte magnétique, semblable à certaines cartes de crédit. Mais dessus, il n'y avait ni nom ni numéro. Je l'ai glissée dans la poche de mon jean.

Bud avait fait du jardinage ou réparé la clôture. Il n'était jamais allé jusqu'à Santa Fe.

Cole m'avait menti.

Peut-être que je le savais depuis le début. Enfin, je m'en doutais, bien sûr. Mais j'avais laissé couler.

Qu'est-ce qui m'arrivait ?

Ça ressemble à ça, un lavage de cerveau ? Ça commence doucement ? Au début, on se dit qu'on n'est pas dupe. Et puis, petit à petit, au fur et à mesure qu'on côtoie les gens, qu'on partage leurs repas, qu'on a de longues conversations avec eux, on commence à fléchir ? On commence à se dire que ce n'est peut-être pas insensé, après tout. Parce qu'ils ont besoin de moi. Et que personne n'avait jamais eu besoin de moi auparavant. Pas de cette manière en tout cas.

J'ai donné un grand coup dans la portière du pick-up. J'ai aussitôt ressenti une vive douleur. J'ai soutenu mon poignet avec mon autre main et je l'ai serré contre moi. Cette douleur était à moi. Ce poignet était à moi. J'étais même content d'avoir mal. Ça me ramenait à moi-même.

Des gouttes de sueur perlaient sur mon front. Je me suis laissé glisser au sol, sans cesser de tenir mon poignet. J'ai humé le parfum des pins et des feuilles mortes, et je me suis concentré sur le murmure du torrent tout proche. Je captais le moindre son, je sentais la moindre odeur. J'étais toujours là, parfaitement éveillé. Ils ne m'avaient pas eu.

J'étais toujours moi.

D'accord, ce « moi » n'était peut-être pas ce qui se faisait de mieux sur le marché. Mais c'était tout ce que j'avais.

J'étais assis sur le tapis de feuilles, me demandant ce que je devais faire. Cole me retenait contre ma volonté. Est-ce que ça voulait dire qu'il allait continuer ? Étais-je entièrement prisonnier ?

Il était peut-être temps de partir pour une longue promenade.

J'irais à pied jusqu'au grand portail qui nous séparait de la route, et je trouverais le moyen de sortir.

Cole avait peut-être menti sur le degré d'isolement du centre. Peut-être que nous n'étions pas loin d'une station de ski, ou de la maison d'un voisin. Il fallait que je risque le coup.

J'ai regardé le ciel. Il ne ferait pas nuit avant plusieurs heures. Mais je devais faire preuve de finesse. J'allais retourner au centre et inventer une excuse. Dire que j'avais mal à la tête et que j'avais besoin d'aller m'allonger un moment. Jeremy devait déjà être en train de me chercher.

Jeremy.

Est-ce qu'elle était au courant pour le camion ?

Elle ne savait peut-être pas que son père me retenait prisonnier, et qu'il me racontait des salades. Ou alors, elle savait. Et c'était Cole qui l'avait envoyée dans ma chambre hier soir.

Je ressentais des choses pour elle. Mais j'ai forcé mon cerveau à se remettre en marche. Parce que je sentais que Cole faisait tout pour que je cesse de penser. Il avait tout intérêt à ce que j'écoute mon cœur, à ce que mes sentiments prennent le dessus.

Est-ce qu'il se servait vraiment de sa fille pour atteindre son objectif ? Était-il aussi vil ? Aussi manipulateur ? Ou bien était-il dans une situation… désespérée ?

J'ai posé les yeux sur le pick-up rouge. Peut-être bien que oui.

Puis, j'ai entendu une voix qui m'appelait. C'était celle de Jeremy.

J'ai avancé rapidement dans la forêt jusqu'à ce que j'aperçoive le sommet de la colline en levant la tête.

Caché derrière un arbre, je l'ai observée. Elle marchait lentement en criant mon nom ; elle s'arrêtait de temps en temps et tendait l'oreille.

J'ai attendu qu'elle arrête de me chercher. A la position de ses épaules, j'ai vu qu'elle était déçue. Cinq minutes après son départ, je suis retourné au centre.

Je venais juste de rentrer quand Topcat m'a dit que Cole voulait me voir. Il m'a conduit jusqu'à son poste de travail, puis il nous a laissés.

Cole faisait pivoter sa chaise de bureau.

– Avant que Bud soit de retour, a-t-il dit, j'aimerais te faire une proposition.

J'ai essayé de rester le plus neutre possible.

– Je vous écoute.

– Tous ceux qui sont ici sont membres de la Caravane du millénaire, a-t-il commencé en prenant appui sur son bureau. Mais ce que tu ne sais pas, c'est que nous avons des membres auxiliaires. Des gens qui préfèrent rester chez eux et garder leur emploi dans une entreprise, mais qui croient en notre cause et qui nous aident de diverses manières. Parmi eux il y a un jeune homme de dix-neuf ans, un virtuose de la programmation. Il a eu son bac à quinze ans, a trouvé un boulot d'informaticien à Seattle à seize ans, a gravi rapidement les échelons de l'entreprise, puis il a mis au point un logiciel de contrôle d'accès tellement efficace que Bill Gates lui-même n'a pas pu consulter son courrier électronique. Sa spécialité, c'est la cryptographie. Le gouvernement américain vient de l'embaucher pour travailler sur les codes d'accès au réseau électrique national afin de les rendre inviolables.

– Je vois, ai-je dit.

Mais en fait, je ne voyais pas du tout. Qu'est-ce que je venais faire dans tout ça ?

Cole a croisé les bras.

– Bien entendu, on veut pouvoir y accéder quand même. Et y implanter notre « sonnette d'alarme ».

– A quoi je peux vous servir, si vous avez déjà ce petit génie ?

– David n'est pas disposé à faire ça, a dit Cole.

Il a haussé les épaules, avant de poursuivre :

– Il a ses projets à lui.

– Il m'a l'air plutôt intelligent, ce garçon.

– Il n'aime pas avoir des obligations, a commenté Cole. Il n'a pas de vision de l'avenir. C'est dommage. Mais toi, tu n'es pas comme lui.

J'ai attendu la suite.

– Ce que David a accepté de faire, c'est de disparaître pendant quelques semaines, a dit Cole. On l'envoie en Thaïlande tous frais payés. Il adore la cuisine thaïlandaise.

– Quelle générosité ! ai-je dit. Et pourquoi donc ?

– Pour que quelqu'un d'autre puisse prendre sa place. Plus tard, David pourra dire qu'il était en vacances à l'étranger et qu'il n'est au courant de rien. Si on se fait prendre. Mais il n'y a aucun risque. Cette personne devra découvrir tous les dispositifs de sécurité et tous les mots de passe. Nous voulons tout cela.

Cole s'est tu et m'a regardé.

– Attendez, ai-je dit. Vous voulez que je me fasse

passer pour lui ? Vous n'auriez pas oublié un petit détail : je suis recherché par le FBI.

– Plus maintenant, a fait Cole. On a effacé ton dossier. Tu fais la même taille et tu as à peu près le même gabarit que David, et tu peux passer sans problème pour un garçon de dix-neuf ans. Et tu en sais certainement autant que lui. On peut te donner un cours accéléré de cryptographie au centre. Si tu arrives à découvrir les mots de passe en une journée, tu n'auras pas besoin d'y retourner. On trouvera un médecin qui te fera un certificat, disant que tu as une mononucléose ou une autre maladie infectieuse, pour que tout ait l'air normal…

– Vous avez déjà tout prévu ?

– On t'a choisi David Wallaby comme identifiant.

– David Wallaby ? L'ancien petit ami de Jeremy ?

Cole a souri.

– Elle a de très bons réflexes. Quand le shérif t'a emmené, elle a pensé à la pièce d'identité qu'on gardait déjà au chaud pour toi. Nous avons pris la voiture pour aller la lui porter. C'est pour ça qu'elle n'a pas pu venir te chercher tout de suite.

Donc, Jeremy avait aussi menti au sujet de David Wallaby. Gros mensonges, petits mensonges. J'ignorais pourquoi, mais les petits étaient ceux qui me faisaient le plus mal.

– Bien entendu, tu auras des compensations pour ce travail, Ryan, a dit Cole. Des compensations financières. Les honoraires de David sont très élevés. Plusieurs milliers de dollars. Et la Caravane ajoutera une prime. Une prime de risque, si tu veux.

– C’est de la folie, ai-je dit en me levant. Je ne marche pas.

– Je te conseille de ne pas refuser, Ryan, a dit Cole.

– Vous me menacez ? ai-je fait, incrédule.

Il a haussé les épaules.

– Il y a une chose que tu ignores.

Il a dit cela d’une voix charmante, comme s’il parlait d’une belle journée ensoleillée.

Et c’est ça qui m’a fait froid dans le dos.

Il s’est alors dirigé vers une porte à l’autre bout de la pièce. Il l’a ouverte.

Une femme aux cheveux courts, avec des lunettes, était assise sur une chaise en plastique rigide. Elle était vêtue d’un jean et d’un pull, dans lesquels elle semblait avoir dormi.

C’était peut-être bien le cas. Cette femme était ma mère.

19 / Le vieux roi Cole

Je me suis jeté sur Cole. Mon poing est allé heurter sa mâchoire. Il a reculé sous le choc. Il semblait surpris et, visiblement, mon coup lui avait fait mal. Mais en quelques secondes, je me suis retrouvé immobilisé par une clé dans le dos. Jamais je n'ai prétendu être M. Muscle.

– Calme-toi, Ryan, a-t-il dit. Il se trouve juste que ta mère s'est présentée à notre porte ce matin.

– Espèce d'ordure ! ai-je crié en me contorsionnant. Menteur !

Je voyais rouge. Je n'arrêtais pas de gigoter pour essayer de me dégager et pouvoir recommencer à le frapper.

– Ryan !

Ma mère s'est précipitée dans la pièce.

– Laisse-le, Coleman, a-t-elle dit.

Cole n'a pas bronché. Il a maintenu sa prise.

– Je t'ai dit de le laisser, a répété ma mère d'une voix calme. Il ne recommencera pas. N'est-ce pas, Ryan ? Cole dit la vérité. Il ne m'a pas kidnappée. Je suis venue ici de mon plein gré. Tu m'entends ?

Je l'ai regardée, éberlué. Elle a hoché la tête d'un air rassurant. Mes muscles se sont détendus, et Cole m'a lâché le bras.

Il s'est frotté la mâchoire.

– Tu as une bonne droite, pour quelqu'un qui est censé passer tout son temps le nez dans les programmes.

– Maman, qu'est-ce que tu fais là ? ai-je demandé.

J'ai résisté à l'envie de me frictionner le poignet. Je ressentais une douleur lancinante. On ne dit jamais que les coups de poing, c'est aussi douloureux pour ceux qui les distribuent que pour ceux qui les reçoivent.

– Comment as-tu su que j'étais ici ?

– C'est une longue histoire, m'a-t-elle répondu.

Puis elle a fait un pas en avant et m'a serré dans ses bras. Elle m'a bercé comme si j'étais encore un bébé. Je me moquais de ce que pouvait penser Cole. Je me suis senti de nouveau comme un petit enfant à ce moment-là. Je me suis dit que, maintenant que ma mère était là, tout allait s'arranger.

– Bon, a-t-elle dit en s'écartant de moi et en s'essuyant les yeux. Je vais essayer de commencer par le commencement. Tout d'abord, je connais Coleman depuis des années. On fréquentait la même université. Par la suite, on a travaillé ensemble. Avec ton père.

– J'ai connu ton père, Ryan, a dit Coleman. J'étais son meilleur ami.

– Menteur ! me suis-je écrié.

– C'est vrai, mon chéri, a dit ma mère d'une voix posée.

Elle a pris ma main.

– Viens, on s'asseoit. Je vais tout te raconter. Il est temps que tu saches.

On a pris place sur la banquette en dessous de la fenêtre. Cole s'est assis à son bureau. J'aurais préféré qu'il parte, mais je me suis gardé de le lui demander.

– C'est ces deux noms, Jeremy et GuildMaster, a expliqué ma mère. Ça me trottait dans la tête. J'ai connu Jeremy quand elle était bébé, tu sais. Et puis, j'ai fini par faire le lien entre GuildMaster et Coleman. A la fac, il avait l'histoire médiévale comme matière principale. J'ai donc pris contact avec certaines personnes, et j'en ai appris un peu plus au sujet de la Caravane.

– Ça m'a l'air un peu tiré par les cheveux, ai-je dit d'un air sceptique. Qui pouvais-tu contacter ? Qu'est-ce qui t'a fait penser que cet ancien étudiant en histoire pouvait être un cybergourou clandestin et un cyberterroriste ?

– Je ne suis pas un terroriste, Ryan, a grogné Cole.

– Peu importe, ai-je dit.

Je lui ai lancé un regard haineux.

– C'est en effet la partie la plus difficile de l'histoire, a admis ma mère.

Soudain, sa voix s'est mise à trembler et ses yeux se sont emplis de larmes.

– Maman ?

J'ai suivi le lent trajet d'une larme sur sa joue. Elle est allée atterrir sur son jean. Ma mère a frotté avec insistance la tache humide.

Elle a pris une profonde inspiration.

Puis elle m'a regardé droit dans les yeux.

– Tu sais, moi aussi j'ai des activités clandestines.

Tous les traits de mon visage se sont mis en position « incompréhension totale ».

La vie a le chic pour vous prendre au dépourvu… pour vous donner de telles claques dans la figure que tout se met à tourner autour de vous.

– Tu… tu es… ai-je bredouillé.

Mais mes neurones recommençaient à se connecter lentement. Les choses s'enclenchaient. D'un coup, mon passé m'est apparu sous une perspective entièrement neuve, et j'ai tout compris pour la première fois.

Tous ces déménagements. Chaque année, jusqu'à maintenant. Cincinatti. Minneapolis. Chicago. Nashville. Baltimore…

Ce n'était pas le goût des voyages. Ce n'était pas la peur de s'encroûter. Ce n'était pas l'esprit d'aventure.

Nous étions en fuite.

– Qu'est-ce que tu as fait ? lui ai-je demandé. Pourquoi as-tu été obligée de disparaître ? Tu as braqué une banque ? Fait sauter une école ? ai-je dit d'un ton sarcastique.

Ma mère a sursauté, comme sous l'effet d'une gifle.

– Elle n'a rien fait, a dit Cole. Elle s'est battue pour ses idées.

Je me suis retourné brusquement vers lui, et je lui ai dit d'une voix féroce :

– Ce n'est pas à vous que je parle.

– Quand j'étais en fac, j'ai participé au mouvement écologiste, a repris ma mère. Après mon diplôme, je me suis mariée avec ton père et on est partis vivre dans le nord de la Californie. On était chargés de collecter des fonds pour une organisation qui s'appelait Alerte verte. On luttait contre les grandes sociétés d'exploitation forestière de la région, qui abattaient les séquoias. On essayait de trouver un compromis, d'éviter qu'il y ait des suppressions d'emplois. Les exploitants ont fait peur aux gens ; ils les ont menacés de partir, de fermer les scieries. Les esprits étaient surchauffés. Les choses se sont envenimées.

Ma mère a soupiré. Cole se tenait bien droit sur sa chaise. Il la fixait de ses yeux pâles. Je n'arrivais pas à croire qu'ils s'étaient connus auparavant, qu'ils avaient été amis.

– Coleman travaillait pour la même organisation, a poursuivi ma mère. On menait des actions qui consistaient par exemple à s'enchaîner à un arbre pour les empêcher de le couper.

Elle a haussé les épaules.

– Ça me paraît tellement loin maintenant.

– Ce n'est pas si loin que ça, Allie, a dit Coleman. L'esprit est toujours vivant. Il se perpétue, ici même.

– Allie ? ai-je fait. Tu t'appelles Grace.

– Au départ, mon nom était Alice Sloane. J'en ai changé quand je suis passée dans la clandestinité.

Je me sentais tout retourné. Rien n'était comme je le pensais. Même pas ma propre mère.

– Alice Sloane était l'écologiste la plus célèbre de la côte Ouest il y a dix-huit ans, a dit Cole.

– Je faisais juste partie d'un mouvement, a dit ma mère en évacuant ses propos d'un revers de la main.

– Et alors, qu'est-ce qui s'est produit ? Pourquoi est-ce que tu as dû passer dans la clandestinité ? ai-je demandé.

– La situation est devenue très tendue, a continué ma mère.

Elle s'est frotté l'arête du nez, comme chaque fois qu'elle est fatiguée.

– Au cours d'une manifestation, on nous a jeté des pierres. Le soir, des camions sont passés en roulant au pas devant chez nous, juste pour nous montrer qu'ils savaient où on habitait, a-t-elle fait en m'observant avec une grande attention. Ils faisaient pression pour qu'on arrête et qu'on quitte la ville. Et alors...

– Alors quoi ? me suis-je impatienté.

Ma mère a laissé échapper un soupir. Elle a plongé ses deux mains dans ses cheveux bruns. Pour la première fois, je me suis demandé si c'était leur couleur naturelle. Je l'avais toujours vue se faire des teintures à la maison ; elle prétendait qu'elle avait beaucoup de cheveux blancs. Mais ils devaient être d'une autre couleur, peut-être blond-roux comme les miens.

– Quelqu'un a fait sauter le siège de la société d'exploitation forestière, a poursuivi ma mère. Il y a eu un mort dans l'explosion. Un comptable qui faisait des heures supplémentaires. Tous les trois, Cole, Jack et moi, on a été interrogés par la police. On leur a dit qu'on n'avait rien à voir dans tout ça.

Ma mère a posé les yeux sur Cole.

– Même si je me suis toujours doutée que tu étais au courant de quelque chose.

Cole a souri.

– C'est marrant. J'ai toujours pensé la même chose de Jack et de toi.

– Il y a eu une enquête, et on a été appelés à témoigner, a dit ma mère en se frottant le nez de nouveau. On était tous les trois dans la même voiture. Jack conduisait. On se disputait à propos d'une broutille... Jack a voulu prendre un raccourci, et Coleman a objecté qu'il risquait d'y avoir de la circulation, mais Jack n'en faisait qu'à sa tête. On s'est retrouvés coincés dans un bouchon, et ils ont recommencé à se disputer...

La voix de ma mère s'est étranglée. Elle a posé son front sur les paumes de ses mains. Puis elle a pris une longue inspiration et a relevé la tête.

– J'étais assise à l'arrière, avec Coleman, a-t-elle murmuré. Le siège passager était cassé, et on avait entassé tous nos dossiers et documents juridiques dessus. Ton père était avocat, Ryan. Je ne te l'avais jamais dit. Il s'apprêtait à nous défendre. Bref, une bombe... a explosé. J'ai su plus tard que Coleman avait été éjecté par la lunette arrière. Il est revenu me chercher. Il m'a sortie de la voiture. Mais Jack...

Ma mère a fermé les yeux. Elle a pressé ses doigts contre ses paupières.

– Ça fait tellement longtemps que je n'ai pas parlé de ça. Une éternité.

– Allie... a dit Cole.

Mais elle l'a arrêté d'un geste de la main.

– Laisse-moi terminer. Ton père était au volant, Ryan. La bombe était placée sous le siège avant. Il est mort sur le coup.

– Tu m'as dit qu'il était mort dans un accident de voiture, ai-je fait.

Ce n'était pas très loin de la vérité.

– Coleman et moi, on a été transportés d'urgence à l'hôpital, a continué ma mère d'une voix monocorde. Je m'en suis tirée avec une commotion cérébrale. Quelques hématomes, quelques coupures dues aux éclats de verre. Ils ont dit que c'était un miracle. Ils m'ont appris que Jack était mort. Puis la police m'a annoncé qu'ils allaient m'inculper de meurtre parce qu'on transportait une bombe.

Ma mère a glissé sa main dans la mienne et l'a serrée bien fort. Mais à mon avis, elle faisait ça davantage pour se réconforter elle-même.

– Mais il y avait une chose qu'ils ignoraient, c'est que j'étais enceinte de toi. Et je savais que je ne t'avais pas perdu, Ryan. Ne me demande pas comment : je le sentais. Et je savais qu'il fallait que je nous sauve toi et moi. J'ai donc disparu de la circulation. Il y avait un type qui montait la garde devant la maison, mais il n'était pas très vigilant. Ils ne s'attendaient pas à ce que je m'en aille, vu l'état dans lequel j'étais. J'ai pu m'enfuir facilement. Le plus dur, ça a été de garder ma liberté par la suite.

– Comment est-ce que tu as fait ? ai-je demandé.

Ma mère a haussé les épaules.

– Des amis m'ont aidée. De bons amis. Ils m'ont procuré de faux papiers d'identité, ils m'ont aidée à déménager. Lily… en faisait partie. Puis je me suis débrouillée toute seule. J'ai fait du mieux que j'ai pu, Ryan. Parce que tu as toujours été la chose la plus importante pour moi. Mes parents et ceux de Jack étaient morts. On était tous les deux orphelins. On s'était toujours dit que, si on avait un enfant, on l'élèverait ensemble, quoi qu'il arrive.

Sa voix s'est brisée de nouveau.

C'était le chaos total dans ma tête. Impossible de me fixer sur la moindre pensée. Ma mère avait été une militante de la cause écologiste, une écoterroriste. Mon père avait été réduit en miettes dans une explosion. Et Cole avait sauvé la vie de ma mère.

– Quand on a eu la visite du FBI, l'autre jour, a-t-elle poursuivi, j'ai cru qu'ils avaient fini par retrouver ma trace.

C'était donc pour cela qu'elle était aussi agitée. Qu'elle avait réagi aussi bizarrement. Et qu'elle avait insisté pour que je quitte la ville au plus tôt. Parce que si les agents du FBI mettaient le nez dans notre passé, jusqu'où parviendraient-ils à remonter ?

Cole s'est penché en avant, et a posé ses mains sur ses genoux.

– Et maintenant, ta mère va se joindre à nous, Ryan, a-t-il dit.

– Quoi ? me suis-je exclamé.

Je me suis levé d'un bond.

Ma mère fixait attentivement les ongles de sa main gauche.

– J'ai beaucoup de respect pour Coleman, Ryan, a-t-elle expliqué. J'ai réfléchi à tout ça. Je suis venue voir ce qu'il faisait. J'ai passé la matinée ici, et je dois dire que j'ai été impressionnée par ce que j'ai vu. Ce qu'il fait est bien.

Elle lui a souri.

– Comme ce qu'il faisait avant.

– J'étais sûr que tu penserais ainsi, Princesse, a dit Cole.

Princesse ? J'ai regardé ma mère, ébahi.

– C'est un ancien sobriquet, s'est-elle empressée d'ajouter. On avait tous un nom de code à l'époque. J'avais choisi le mien dans un recueil de contes de fées. Celui de ton père, Jack, c'était l'Ogre, comme dans *Jacques et le haricot magique*. Et Cole était le Vieux Roi. Pas bien difficile à deviner, a ajouté ma mère en émettant un petit rire surprenant.

J'ai senti mon univers s'écrouler. Juste au moment où je me disais que j'en avais marre de tous ces trucs de fous, j'avais droit à une double ration. J'avais vraiment touché le fond : dans un monde où je ne pouvais me fier à personne, ma propre mère me lâchait.

Elle n'était pas du tout venue pour m'aider. Elle était là pour rejoindre leurs rangs !

J'ai laissé libre cours à ma colère :

– Génial ! Fantastique ! C'est donc à cela qu'aura mené toute ma vie ? Qu'est-ce que tu me répétais tout le temps quand on déménageait, tous les ans ?

J'ai imité la douce voix maternelle :

– Ça t'apprend à être indépendant, Ryan. Mais l'indépendance a des limites. Tu ne peux pas te renfermer dans ta coquille. Il faut que ton cœur reste ouvert, que tu fasses confiance aux gens.

J'ai repris ma voix normale, avant de poursuivre :

– J'ai essayé, à une époque. Mais, juste au moment où je commençais à me faire des copains, tu as ressorti ton fameux tapis volant et hop ! on s'est retrouvés à deux mille kilomètres de là !

Ma mère s'est mise à pleurer. Mais ça m'était égal.

– Regarde un peu ce que je suis devenu, ai-je crié. Je ne peux même plus faire confiance à ma propre mère ! Et tu sais quoi, maman ? Ça ne me surprend même pas ! Pour te dire à quel point je suis perturbé !

– Ryan, a supplié ma mère. Écoute-moi…

– Et lui, il t'a dit ce qu'il attendait de moi ? l'ai-je interrompu avec colère. Il veut que je me fasse passer pour quelqu'un d'autre, que je perce des mots de passe, que j'implante cette espèce de virus du millénaire…

– Ce n'est absolument pas un virus, a rectifié Cole d'un ton acerbe. C'est une sonnette d'alarme.

– C'est un virus ! ai-je hurlé, hors de moi. Tu penses vraiment que ce que fait ce type, c'est bien ?

– Ryan, calme-toi, a fait Cole sèchement.

Ma mère a pris sa voix la plus douce :

– Ryan, il m'a sauvé la vie. Je lui dois ça.

Pendant toute mon enfance, chaque fois que je me mettais en colère, que je piquais une crise, elle utilisait la même technique. Elle continuait à me parler à voix basse et, pour pouvoir l'entendre, il fallait que j'arrête de crier.

Mais je n'avais pas envie de l'écouter. Plus jamais.

– Non, ai-je dit. Tu ne lui dois rien du tout !

– Il faut qu'on réfléchisse à la meilleure chose à faire, a poursuivi ma mère sans se laisser démonter. Et ce n'est pas forcément la plus facile. J'ai passé un marché avec Cole. Si tu fais ce qu'il te demande, il nous obtiendra de nouveaux papiers d'identité. On pourra disparaître à nouveau.

– Mais je n'ai pas envie de disparaître une nouvelle fois ! ai-je vociféré. J'en ai marre de disparaître ! J'ai l'impression de ne plus exister !

De grosses larmes ont roulé à nouveau sur les joues de ma mère. Elle a attrapé ma main et l'a serrée si fort que j'ai senti mes os se toucher.

– Écoute-moi, Chiquita, a-t-elle dit. Faire ce qu'il demande, c'est la meilleure chose à faire.

La tête me tournait, mais ce mot a fini par arriver lentement jusqu'à mon cerveau. « Chiquita. »

Ma mère était en train de me dire qu'il fallait qu'on parte d'ici ! Elle faisait seulement semblant de jouer le jeu. Elle n'avait pas du tout l'intention de suivre Cole dans son délire !

Nous avons échangé un regard intense. J'ai vu que j'avais deviné juste. J'ai hoché la tête imperceptiblement.

Maintenant, il allait falloir que je mobilise tous mes talents d'acteur, et vite. J'ai laissé mes épaules s'affaisser. J'ai pris un air résigné.

Je me suis tourné vers Cole.

– Je suppose que je n'ai pas le choix, ai-je soupiré. Par où est-ce que je commence ?

20 / Confettis

Cole a accueilli mon accord avec le même sourire affable qu'il adoptait avec tout le monde.

– Je vais te confier à Komodo pour qu'il te donne de solides cours de cryptographie, a-t-il annoncé. Tu es censé commencer le travail demain.

– Demain ! Mais je n'ai pas le temps d'acquérir les connaissances nécessaires d'ici demain ! ai-je protesté. Sûr que je vais me faire prendre, dans ces conditions.

– Ne t'inquiète donc pas, Ryan, m'a-t-il rassuré en posant une main sur mon épaule. On sait ce qu'on fait. Komodo peut t'en apprendre suffisamment pour que tu fasses illusion le premier jour. Tu passeras tous les contrôles de sécurité, et tu devrais pouvoir accéder aux mots de passe. J'ai tes papiers d'identité ici, avec un nouvel ordinateur portable. Tu t'en serviras pour copier les mots de passe.

Il a fait glisser vers moi le portable qui se trouvait sur son bureau.

– On a tout ce qui se fait de mieux ici. Et ce sont les membres de la Caravane qui l'ont préparé. Ce petit bijou va faire des étincelles.

Il a caressé l'objet de la main. Il avait beau dénoncer les méfaits de la technologie, il ne crachait pas sur du bon matériel.

– J'ai exactement le même, a-t-il ajouté.

Cole s'est levé.

– Je vais chercher Komodo. Il faut commencer tout de suite. Mais en attendant, je vous laisse quelques minutes en tête-à-tête tous les deux.

Il est sorti de la pièce en refermant doucement la porte derrière lui. Dès que ses pas se sont éloignés dans le couloir, ma mère a posé un doigt sur ses lèvres. Je n'y avais pas pensé, mais il y avait peut-être des micros.

– Si on jetait un coup d'œil sur cette petite merveille ? ai-je dit tout haut en soulevant le couvercle du portable. C'est vraiment du super matériel.

J'ai pianoté sur le clavier.

Alors, comment est-ce qu'on sort d'ici ? ai-je tapé.

– Ça ne m'étonne pas de Cole : il a toujours eu ce qui se faisait de mieux, a dit ma mère.

Elle a écrit :

Je n'en ai pas la moindre idée.

Pas la moindre idée ?

– Au début, j'ai eu du mal avec ses théories, ai-je dit. Mais je dois reconnaître qu'il dit des choses sensées.

J'ai tapé :

Je croyais que tu avais un plan !

Ma mère a haussé les épaules. Elle s'est emparée du clavier.

Mon plan, c'était de te retrouver. Je pensais que le reste suivrait une fois sur place.

Bravo! ai-je écrit, en lui faisant une grimace.

– Je ne pense pas qu'on doive se joindre à la Caravane, Ryan, a dit ma mère. Du moins, pas encore. Mais il ne faut pas qu'on les empêche de faire ce qu'ils ont à faire. On peut les aider ponctuellement, et puis continuer de notre côté.

S'il nous en laisse la possibilité, ai-je écrit.

Nous nous sommes regardés. Je lisais la même crainte dans ses yeux. Mais elle s'est penchée sur le portable pour taper une nouvelle phrase.

T'inquiète pas. On y arrivera. Ensemble.

La porte s'est ouverte, et on a sursauté tous les deux. J'ai appuyé précipitamment sur un bouton, et l'ordinateur s'est éteint. Mais ce n'était que NancE, la femme aux cheveux orange qui fronçait tout le temps le nez comme un lapin.

– Cole te demande d'aller le rejoindre au bloc A, euh… non, au bloc D, sur le site 3. Il t'attend là-bas avec Komodo.

J'ai hoché la tête.

– D'accord, mais…

Mais NancE avait déjà refermé la porte. Elle était pressée, comme toujours. Je voulais lui demander de m'expliquer où était le site 3. Le bloc D était un vrai dédale. Eh bien, je me débrouillerais tout seul. J'ai tourné le portable vers moi, je l'ai rallumé et j'ai tapé :

C'EST PARTI !

Vingt-quatre sur sept, a tapé ma mère.

Vingt-quatre sur sept, ai-je confirmé.

J'ai descendu le hall en direction du bloc D, mais j'ai vite été déboussolé. Les couloirs étaient mal éclairés, et on ne voyait jamais la lumière du jour, de sorte qu'on avait du mal à s'orienter. Surtout que je ne savais pas exactement d'où je venais. Je n'avais encore jamais été sur le site privé de Cole auparavant.

Je me suis arrêté pour essayer de me repérer. Je sentais que je n'étais pas loin de l'atelier de Jeremy. Il était situé dans le bloc C, où l'on entreposait du matériel. D était à côté de C. Mais devais-je aller à droite ou à gauche ?

Va pour la gauche. Je suis passé devant un tas de câbles et de vieux ordinateurs et j'ai atterri dans un couloir plus étroit. Il était faiblement éclairé, et j'ai dû passer les doigts sur les portes pour lire les numéros. J'ai reconnu les lignes qui formaient le numéro un. Sur la porte suivante, j'ai identifié les courbes d'un deux. Puis j'ai trouvé le numéro trois. J'ai tourné le bouton et la porte s'est ouverte.

Encore du matériel informatique. Je m'étais trompé de bloc. J'étais toujours dans la zone qui servait d'entrepôt et de débarras. J'ai refermé la porte. Les blocs étaient peut-être reliés les uns aux autres à l'arrière du bâtiment. A ce moment-là, j'ai constaté que c'était l'une des rares fois où je me retrouvais seul dans les parages. Jusqu'à cet instant, j'avais toujours quelqu'un sur les talons. Pourquoi cela n'arrivait-il que maintenant ?

A tâtons, j'ai repéré les numéros des portes suivantes. J'ai trouvé un quatre, et un cinq. Mais en effleurant une autre porte, je n'ai trouvé qu'une surface lisse. Il n'y avait pas de numéro. Il était peut-être tombé par terre. En tout cas, cela a attisé ma curiosité. J'ai essayé de tourner le bouton. Fermé. En explorant le bois juste en dessous, j'ai découvert la fente verticale d'une serrure électronique. Maintenant, j'apercevais le minuscule voyant rouge indiquant que la porte était verrouillée.

Pas de chance. Je ne pouvais même pas envisager de crocheter la serrure.

Puis je me suis souvenu de la carte magnétique que j'avais trouvée dans le pick-up. Elle était toujours dans ma poche. Je l'ai sortie, et je l'ai glissée dans la fente. Le voyant est passé au vert, et j'ai entendu un déclic.

J'ai poussé la porte. Il faisait noir comme dans un four à l'intérieur. Éclairé par la faible lueur qui provenait du couloir, je ne distinguais que des ombres.

J'ai tâté le mur. Mon cœur battait telle une chaîne hi-fi avec les basses au maximum.

Après avoir trouvé l'interrupteur, j'ai allumé la lumière. Je me suis empressé de fermer la porte.

J'ai vidé mes poumons de tout l'air qu'ils retenaient. Encore une pièce où l'on stockait des provisions ou du matériel. Les murs étaient couverts d'étagères métalliques. Un drap recouvrait les objets entreposés. C'étaient sans doute des boîtes de conserve et des bidons de carburant. Ou des jerricans d'eau. On n'avait même pas pris la peine de couler une dalle sur le sol ; il était en simple terre battue.

J'ai soulevé un coin de tissu, juste pour voir.

Un cri étouffé m'a échappé, et j'ai plaqué ma main sur ma bouche. Ce que j'avais sous les yeux, c'était une caisse d'armes.

J'ai soulevé un autre drap, puis un autre, jusqu'à ce que j'aie vérifié le contenu de toutes les étagères. Il y avait suffisamment d'armes automatiques dans cette pièce pour transformer en confettis tout le Nouveau-Mexique.

C'était ça qu'il appelait une révolution pacifique ?

J'ai eu l'idée de m'emparer d'une arme. Mais je ne suis pas Rambo. Où pourrais-je la cacher ? Qu'est-ce que j'en ferais ? J'ai secoué la tête. Pour sortir du centre, il fallait que je me serve de mon arme préférée : mon cerveau.

J'ai constaté qu'il y avait de la terre sur le bord de ma chaussure. Je me suis dépêché de l'enlever. Je ne voulais pas que Cole la remarque. Cette terre était de la même couleur que celle que j'avais trouvée à l'arrière du pick-up. J'ai arpenté la pièce pensivement. Je ne savais pas exactement ce que je cherchais, mais je ne pouvais pas me décider à m'en aller.

Dans un coin de la pièce, j'ai remarqué que la terre était striée de longs traits profonds. Comme si on avait déplacé une étagère récemment.

En m'arc-boutant, j'ai poussé le meuble loin du mur. Dans le sol, j'ai découvert une trappe. Je m'attendais à ce qu'elle soit fermée mais, à ma grande surprise, elle ne l'était pas. Je l'ai soulevée fébrilement. J'ai scruté l'obscurité.

C'était un réduit minuscule. Il y avait une bâche sur le sol, et une plaque en fer-blanc. Quelques débris. Pas de bombes, pas de missiles Scud. Déçu, j'ai refermé la trappe.

J'ai remis l'étagère en place. Puis je me suis forcé à attendre que ma respiration devienne à nouveau normale. Avec ma chemise, j'ai essuyé la sueur qui perlait sur mon visage. Puis je me suis glissé dans le couloir et j'ai refermé la porte.

J'ai étudié les codes de cryptage jusqu'à ce que les yeux m'en tombent. Komodo et moi, on ne s'est même pas arrêtés pour dîner – Sona nous a apporté des sandwichs et des boissons fraîches. Mais enfin, aux environs de minuit, Cole a passé la tête par l'encadrement de la porte et nous a conseillé de faire une pause.

– Tu es sérieux ? a demandé Komodo.

Il n'avait pas montré le moindre signe de fatigue au cours des sept dernières heures. De temps en temps, il faisait quelques étirements pour se relaxer.

– Bien sûr que oui, a dit Cole. Il faut qu'il soit en forme. Il doit y être à huit heures demain matin, et il faut deux heures pour y aller. Il sera prêt ?

– Je crois que oui, a dit Komodo. On a vu les points les plus importants. Il devrait pouvoir s'en sortir.

Cole a hoché la tête et s'est tourné vers moi.

– Ça va, tu te sens confiant ?

– Non, ai-je dit.

Il a fait comme s'il n'avait rien entendu.

– Topcat te conduira en ville demain, m'a-t-il expliqué. Bud est rentré juste avant l'heure du dîner, donc on a un pick-up en état de marche. Si tout va bien, tu pourras partir après-demain.

« Et pourquoi mon esprit refuse-t-il de te croire ? Serait-ce parce que tu me mènes en bateau depuis le début ? »

– Allie, ta mère, va passer la journée de demain ici, a-t-il poursuivi. Elle veut voir toutes nos installations. Et comme ça, on aura un peu plus de temps pour discuter. Je prendrai soin d'elle, ne t'inquiète pas.

Ma mère, c'était sa garantie. Si j'essayais de faire l'imbécile, Cole se vengerait sur elle.

– La confiance, c'est ce qu'il y a de plus important, Ryan, a-t-il conclu. C'est le secret de la réussite.

« Et un beau petit stock d'armes automatiques, ça ne gâche rien », ai-je pensé.

Je n'ai pas répondu. Cole a eu l'air peiné, comme si je l'avais déçu. Mais peu de temps après, il nous a dit bonne nuit et s'est éclipsé. J'ai refermé le cahier où j'avais pris des notes, j'ai dit merci à Komodo et j'ai pris le chemin de mon cube.

Je savais que j'étais coincé. Demain, il faudrait que j'exécute à la lettre le plan de Cole. Que se passerait-il si je racontais tout au FBI et que Cole décidait de se refaire la bataille d'Alamo ? Si chacun prenait les armes et commençait à tirer partout ? Qu'arriverait-il à ma mère ?

Je me suis arrêté. J'étais tout seul dans le couloir. Soudain, j'ai senti que je ne pourrais pas faire un pas de plus. Je ne pouvais pas continuer à avancer dans la direction où j'allais.

C'était maintenant ou jamais. Il fallait à tout prix que je trouve un plan. Que je tente le coup.

Malgré l'heure tardive, le bâtiment était loin d'être silencieux. Je savais parfaitement que Coleman était encore debout.

J'ai frappé à la porte de son cube, et j'ai entendu « Entrez ». Il était assis à son bureau et travaillait sur son PC. Son portable était posé sur la table, le couvercle abaissé.

– Il y a une chose dont on n'a pas parlé, ai-je fait. Que se passera-t-il si je me fais prendre ?

Il a soupiré et tapé sur une série de touches.

– Tu ne te feras pas prendre.

– Mais s'ils s'en rendent compte ? Qu'est-ce que je suis censé leur raconter ? Vous avez un plan pour me sortir de là, ou votre génie de l'organisation se limite à fourrer les gens dans le pétrin ?

Je me suis rapproché du bureau.

Il a pivoté sur sa chaise. Parfait. J'ai continué à avancer. Je commençais à mieux le connaître. Il était très fort pour cacher ses émotions. Il affichait rarement sa colère ou son irritation. Mais les choses finissaient par l'atteindre.

– J'allais t'expliquer ça demain matin, mais puisque tu es là, a-t-il dit d'une voix lasse, comme si je n'étais qu'un sale gosse exigeant qu'on s'intéresse à lui. Nie en bloc. Insiste : soutiens que tu es David Wallaby…

– Même s'ils ont ses empreintes digitales ? ai-je demandé. Ou s'ils ont une photo de lui ? Ça ne doit pas être difficile pour eux. Ils peuvent me démasquer en trois secondes.

– Ryan, tu sais à quel point ça peut être dangereux de partir battu d'avance ? a dit Cole d'un ton désapprobateur. Il faut que tu anticipes la réussite, sinon ça ne marche pas. Même l'impossible est à portée de main à condition de…

– Je me moque de vos beaux discours, l'ai-je interrompu. Vous savez très bien pourquoi je fais ça pour vous.

Là, j'avais vraiment fait mouche. J'ai glissé mon portable sur son bureau et enfoncé mes mains dans mes poches.

– Vous avez ma mère, ai-je poursuivi. Donc je ferai ce que vous me demandez. Ce n'est pas comme si je devais braquer une banque, ou un truc de ce genre. Il faut juste que je pirate quelques mots de passe. Mais ça ne veut pas dire que je suis obligé d'écouter votre laïus, d'accord ?

Prêt pour l'estocade finale ?

– D'autant plus que, si mon père est mort, c'est à cause de vous.

Le rouge a envahi ses pommettes. Les coins de sa

bouche se sont affaissés. J'ai constaté avec plaisir que son éternel sourire avait disparu.

– On devrait peut-être poursuivre cette conversation demain, a-t-il fait d'une voix blanche.

J'ai tendu la main vers le portable et je l'ai ramené vers moi.

– Comme vous voudrez.

Et je suis sorti. J'étais enfin parvenu à ébranler Cole, ce qui n'était pas négligeable. Mais j'avais surtout réussi ce pour quoi j'étais venu : m'emparer de son portable.

21 / Mainmise sur la planète

Je n'avais pas beaucoup de temps. Je le savais. A tout moment, il pouvait allumer le portable qui se trouvait sur son bureau, et se rendre compte que ce n'était pas le sien.

J'ai éteint la lumière, et je me suis vite allongé à plat ventre sur le futon. J'ai soulevé le couvercle du portable. La lueur bleutée de l'écran me suffisait. J'ai cliqué sur le gestionnaire de fichiers et j'ai parcouru les différents répertoires. D'après ce que je voyais, les fichiers concernaient la comptabilité et l'intendance – les coûts de gestion du centre. Bref, des trucs pratiques.

J'ai cliqué sur quelques fichiers. Leur contenu ne présentait aucun intérêt : combien de sacs de farine de maïs ils avaient commandés en janvier, combien de litres de gasoil ils avaient consommés, etc.

J'ai continué à faire défiler l'arborescence. Je me suis arrêté sur un répertoire appelé « Bloc C ».

Bloc C – c'était là qu'ils stockaient leurs provisions. Et leurs armes. C'était sans doute un simple inventaire. Mais j'ai cliqué dessus pour voir.

Une boîte de dialogue s'est affichée. Il fallait un mot de passe !

J'ai donné un coup de poing dans le matelas pour me défouler. Tout ce que j'avais appris pour l'instant, c'était que les occupants du centre consommaient des quantités astronomiques de farine de maïs. Pour les données vraiment sensibles, il fallait le mot de passe.

J'ai fermé les yeux et essayé de me concentrer. Un nom qui revenait tout le temps dans la bouche de Cole. Un prénom. Un pseudonyme ?

J'ai tapé :

Jeremy.

Rien.

Sabrina.

Zéro.

Millénaire.

Niet.

Puis j'ai essayé une combinaison des trois, sans plus de succès.

Je devais y arriver ! Je devais trouver ! Je commençais à nourrir une haine féroce à l'égard de Cole. Je repensais à la manière dont il regardait ma mère : comme s'ils étaient effectivement amis. Quand il l'avait appelée Princesse, j'avais failli lui mettre mon poing dans la figure.

Je suis resté figé un instant. Puis je me suis penché et j'ai tapé :

Vieuxroi.

Pan, dans le mille !

Il n'y avait que deux fichiers. J'ai cliqué sur le premier, baptisé « planmill ».

Il fallait que je le lise très vite. Je n'avais pas le temps de m'attarder sur chaque mot. Mais ça n'a pas été nécessaire. J'ai compris l'essentiel en moins de dix secondes.

Ce que j'avais sous les yeux était un énorme mensonge.

Cole ne prévoyait pas simplement de tirer une sonnette d'alarme. Et son but n'était certainement pas de sauver le monde.

Il prévoyait d'en prendre le contrôle.

Et il n'avait pas du tout l'intention de rendre les commandes une fois qu'il les aurait. J'ai lu avec une horreur croissante le plan des opérations de sabotage informatique que comptait mener la Caravane.

Coupures d'électricité au Texas, en Arizona et au Nouveau-Mexique. Brouillage des informations de vol dans tous les grands aéroports du monde. Plantage des prestataires de services en ligne. Remplacement des numéros par des informations fantaisistes dans les fichiers de la plus grande banque américaine.

Ainsi, le 1er janvier 2000, quand Cole annoncerait que la nation était sous sa coupe, tout le monde serait forcé de le croire. Et dans le cas contraire…

Une catastrophe aérienne, de préférence un gros avion commercial de type Boeing 777, à proximité d'une grande ville. Ou encore : « Panne totale d'électricité à Washington, New York, Los Angeles, Chicago et Miami. »

Là, tout le monde comprendrait qu'il ne rigolait pas.

J'ai refermé le fichier et je suis resté assis un moment, tout tremblant. Le portable continuait à bourdonner sur mes genoux. C'était comme une bombe à retardement.

Cette fois, j'ai cliqué sur COURRIER.

Il y avait des dizaines de messages en provenance d'un type qui s'appelait Dano50H. Je ne l'avais jamais rencontré, mais j'avais déjà entendu ce nom. Comme je n'avais pas beaucoup de temps, j'ai cliqué sur un e-mail qu'il avait envoyé quinze jours plus tôt à GuildMaster.

> GMaster,
>
> Prisonnier a entamé grève de la faim. Refuse toute nourriture jusqu'à sa libération. Marche à suivre ?

Prisonnier ? Ça ne pouvait pas être moi. Un mois plus tôt, j'étais encore en train de me morfondre sur les bancs du lycée. Et puis la grève de la faim, ce n'était pas tout à fait mon genre. Depuis mon arrivée, j'avais fait largement honneur à la cuisine de Sona.

J'ai cliqué sur la réponse de Cole.

> Exécuteur,
>
> Laissons-lui un jour ou deux.
>
> Il finira par céder.

Le message suivant avait été écrit deux jours plus tard.

GMaster,

Le prisonnier refuse de céder. Il est affaibli. Il a de la fièvre.

Réponse de Cole :

Exécuteur,

Promets-lui de le libérer s'il accepte de s'alimenter. Dis-lui qu'on ne le laissera pas partir tant qu'il aura l'air malade. Que cela aurait des conséquences beaucoup plus graves pour nous si on se faisait prendre.

La réponse datait du lendemain.

GMaster,

Il a avalé du bouillon de légumes. On a brisé sa résistance. Mais le temps presse. On a peut-être agi trop tôt. Il aurait d'abord fallu définir en détail le projet de recrutement.

Réponse de Cole :

Exécuteur,

Il n'y a pas de regrets à avoir. Il fallait qu'on agisse au moment où on l'a fait. La lecture de la presse s'est révélée payante hier. Convoque assemblée générale.

J'ai regardé la date. C'était le lendemain du jour où le journal avait publié un article sur moi. Le message suivant avait été expédié quelques jours plus tard.

Exécuteur,

Sujet contacté via Internet. Mise en place du dispositif terminée ?

La réponse datait du même jour :

GMaster,

Tout est OK.

J'ai regardé la date. C'était le lendemain de ma rencontre avec les McDoogles. On avait entamé notre traversée des États-Unis avec Jeremy. Elle m'amenait jusqu'au centre. Le courrier suivant avait été envoyé une semaine plus tard.

Exécuteur,

Le prisonnier refuse toujours de coopérer. La bonne nouvelle, c'est que sa disparition n'a toujours pas été signalée dans le WA. Il croit que ses parents s'apprêtent à verser une rançon.

WA : l'État de Washington. J'ai compris tout d'un coup qui devait être le prisonnier. David Wallaby ! Ils ne l'avaient pas du tout envoyé en Thaïlande. Ils le retenaient prisonnier quelque part. Peut-être même ici !

J'ai cliqué sur le message suivant.

Gmaster,

Les problèmes au Nouveau-Mexique ont précipité nos plans, ce qui peut être bon pour nous. Catcher devrait arriver en fin de journée.

Un autre message datait du lendemain de mon arrivée au centre :

Exécuteur,

Il devient risqué de garder le prisonnier. Plusieurs scénarios possibles : overdose, suicide, etc. Spécifier les trois meilleurs scénarios. Le problème doit être éliminé.

Éliminé ? Que voulait-il dire ? Cole et l'Exécuteur avaient-ils assassiné David Wallaby ?

Exécuteur,

Catcher a besoin d'être rassuré. Je vais le laisser accéder à l'ensemble du centre. Déplacer le prisonnier ce soir.

La réponse :

GuildMaster,

Prisonnier déplacé.

J'ai repensé à la trappe et au réduit. La bâche. La plaque en fer-blanc. Je me suis souvenu des pelles à l'arrière du pick-up. J'ai frémi. Dano avait-il enterré David Wallaby ?

J'ai regardé ma montre. Il fallait que je termine. Cole pouvait débarquer d'une minute à l'autre. J'ai cliqué sur le dernier e-mail.

> GMaster,
> Et pour Princesse ? Marche à suivre ?

J'ai avalé ma salive. Mes doigts tremblaient si fort que j'ai eu du mal à cliquer sur la réponse de Cole.

> Exécuteur,
> Même chose que pour prisonnier.

J'ai fouillé dans la mallette qu'on m'avait remise pour ma mission du lendemain. J'ai trouvé une disquette, que j'ai introduite dans le lecteur A. Puis j'ai commencé à copier des informations dessus. L'ordinateur a émis un drôle de bruit indiquant qu'il dupliquait les données du disque dur sur la disquette.

Puis j'ai entendu des pas dans le couloir. J'ai jeté un regard au lecteur de disquettes, en priant pour qu'il se dépêche d'enregistrer le maximum d'informations.

Les pas se sont rapprochés. J'ai cru reconnaître le bruit des chaussures de marche de Cole. Il était le seul à marcher aussi discrètement avec des godillots pareils.

J'ai vite éjecté la disquette et je l'ai glissée précipitamment sous mon oreiller. J'ai éteint l'ordinateur, fermé le couvercle et je l'ai posé par terre à côté de la mallette.

Puis j'ai sauté sous la couette, avec les chaussures et tout le reste.

J'ai fermé les yeux.

La porte s'est ouverte en grinçant.

– Ryan ? a fait Cole.

22 / Confiance

La lumière s'est allumée. J'ai cligné des yeux, pour faire croire que je venais de me réveiller.

– Qu'est-ce qu'il y a ? C'est l'heure d'y aller ? ai-je dit.

Cole a avancé à grands pas dans la pièce. Il a ramassé vivement le portable.

– On dirait qu'ils ont été intervertis par erreur, a-t-il commenté en posant mon ordinateur par terre, à la place du sien.

– Qu'est-ce qui a été interverti ? ai-je demandé tout en essayant d'avoir l'air endormi.

Ses yeux pâles m'ont dévisagé. J'ai émis un faux bâillement.

J'avais l'impression d'être plongé dans un mauvais film de science-fiction des années 1950, le genre de navet où tout le monde porte des costumes en aluminium. Cole, c'était le méchant de la planète X qui lisait dans les pensées des autres.

« Il ne peut pas lire dans tes pensées, me suis-je rassuré. Calme-toi. »

Je l'ai donc laissé venir. Je n'ai pas baissé les yeux.

Je me suis entraîné à lui renvoyer sa propre expression mielleuse.

– Bon, eh bien, bonne nuit !

J'ai repris la position horizontale et j'ai fermé les yeux.

– Bonne nuit.

J'ai eu l'impression que ça prenait des heures. Mais il a quand même fini par éteindre la lumière et par refermer la porte.

J'ai bondi dès que le bruit de ses pas m'a paru suffisamment lointain. J'ai ouvert mon portable et je l'ai mis sous tension. Puis j'ai glissé la disquette dans le lecteur.

Mais juste à ce moment-là, j'ai entendu un bruit. En levant les yeux, j'ai vu le bouton de porte qui tournait sur lui-même. Il était trop tard pour éteindre l'ordinateur. La porte s'est ouverte, et j'ai reconnu Jeremy.

– Je suis venue te dire au revoir, a-t-elle annoncé.

Elle s'est glissée dans la pièce et a refermé la porte derrière elle. Elle est venue s'asseoir à côté de moi sur le futon.

– J'ai attendu que mon père s'en aille. Qu'est-ce que tu fais ? a-t-elle murmuré.

– J'étais en train de revoir un ou deux trucs pour demain, ai-je menti.

– Je savais qu'on ne pourrait pas être seuls demain. Je voulais... je veux dire, on n'aura peut-être pas d'autre occasion de se dire au revoir.

Elle m'avait menti. Est-ce qu'elle mentait maintenant ? Est-ce que la tristesse que je lisais dans ses yeux était fausse ?

Aurais-je la bêtise de croire qu'elle s'intéressait à moi ?

Tous mes sens étaient affolés. Je sentais le parfum de ses cheveux à quelques centimètres de mon épaule. Je voyais sa peau couleur de miel. Sa tristesse et sa confusion flottaient jusqu'à moi.

« Elle n'est pas au courant », me suis-je dit. J'ai rassemblé tout ce que je savais sur elle, tous les éléments de sa personnalité, et ça m'a frappé comme une évidence. Elle ne se doutait pas que son père était fou. Qu'il voulait dominer le monde.

La confiance, qu'est-ce que ça voulait dire ? Je pouvais regarder dans le dictionnaire. Mais je n'avais jamais compris le sens de ce mot comme je le ressentais à cet instant. Parce que je n'avais jamais réalisé ce que c'était vraiment : faire confiance, c'était prendre un risque.

Jeremy s'était installée dans ma tête et dans mon cœur, tel le plus complexe, le plus beau, le plus mystérieux des logiciels. Je l'avais laissée faire, et ça n'avait peut-être pas été une bêtise. Tout compte fait, c'était sans doute une bonne chose. Même si elle m'avait menti, mes sentiments étaient purs. Pour la première fois, je m'étais rendu compte que j'avais un cœur. N'était-ce pas une chose positive ?

Et peut-être que la seule chose à faire maintenant, c'était de lui faire confiance, même si elle me trahissait à nouveau. Parce que j'allais lui ouvrir mon cœur et que je lui dirais : « Vas-y, il est à toi ». Arriverait ce qui arriverait.

A ma place, Rambo aurait probablement foncé à

l'arsenal pour s'emparer de trois mitraillettes et de quinze pistolets automatiques, et il aurait foncé dans le tas en tirant sur tout ce qui bougeait. Mais soudain, j'ai compris ce que ma mère avait voulu me dire.

Le véritable courage, c'était de laisser voir ses sentiments.

– Ryan, qu'est-ce que tu as ?

Je devais avoir l'air d'un revenant. Les yeux de Jeremy scrutaient mon visage, comme ceux de Cole quelques minutes plus tôt. Mais il y avait une différence. Ses yeux à elle n'étaient pas froids. Ils rayonnaient.

Je me suis penché et je l'ai embrassée. J'ai senti ses lèvres s'arrondir de surprise sous les miennes.

– Il faut que je te dise quelque chose, ai-je dit. C'est au sujet de ton père.

Je lui ai tout raconté. Elle ne m'a pas cru, bien sûr. Elle n'arrêtait pas de secouer la tête. Mais je ne me suis pas interrompu. Sa nuque a commencé à s'affaisser et, quelques minutes plus tard, elle regardait fixement ses baskets.

– Je ne te crois pas, a-t-elle murmuré quand j'ai cessé de parler.

– Je vais te montrer.

J'ai chargé le fichier que j'avais recopié sur la disquette et j'ai tourné l'écran vers elle. Son visage a changé de couleur au moment où le fichier s'est affiché sur l'écran. J'ai vu ses yeux balayer la surface bleutée.

– C'est ça ta preuve ? a-t-elle demandé. Ryan, ce sont des hiéroglyphes.

J'ai attrapé l'ordinateur et je l'ai orienté vers moi. Elle avait raison. Cole avait crypté le fichier pour qu'on ne puisse pas le lire.

J'ai repensé à mon cours accéléré de cryptologie. Cole pouvait avoir implanté un code dans son propre fichier qui lui permettrait de savoir que j'y avais accédé. Le fichier pouvait s'autodétruire.

En d'autres termes, toutes les preuves s'étaient peut-être envolées.

Jeremy s'est levée.

– Je crois que tu racontes n'importe quoi, a-t-elle déclaré. Écoute bien, Ryan. Si tu ne veux pas y aller demain, je te jure qu'il ne vous arrivera rien à ta mère et à toi. C'est de la paranoïa.

– Et les armes, alors ? ai-je demandé soudain. C'est pour quoi faire, les armes que j'ai trouvées ?

J'avais oublié de lui parler de ce petit détail.

– Elles sont dans la zone où vous stockez tout un tas de matériel. Dans la pièce qui n'a pas de numéro.

Elle a eu l'air d'hésiter.

– Tu as trouvé des armes ? a-t-elle fait en rejetant ses cheveux derrière son épaule. Et alors ? C'est bien d'avoir quelques fusils de chasse, pour le jour où on n'aura plus rien à manger…

– Ce ne sont pas des fusils de chasse, mais de vraies armes automatiques, ai-je précisé. Des engins puissants, et en grande quantité. De quoi équiper toute une armée.

Ça l'a décontenancée.

– Tu en es sûr ?

Je n'ai pas jugé nécessaire de répondre à sa question.

– Je te montrerai. Mais, tu sais, on n'a pas vraiment le temps. Il faut qu'on fiche le camp d'ici !

– Je ne partirai pas.

Elle a pris un air buté.

– Je ne te crois pas !

– Jeremy, ai-je continué, à bout d'arguments, tu veux croire que tout est génial, alors que c'est loin d'être le cas. Il faut que tu penses par toi-même. Tu crois vraiment, sincèrement que Cole a envie que tu te forges tes propres idées ?

Durant un bref instant, le visage de Jeremy est resté vide d'expression. Puis il s'est décomposé. J'ai vu que j'avais gagné.

– Tu crois que tout ça est vrai ?

Elle avait une voix de petite fille.

– Qu'il compte provoquer un accident d'avion ? Qu'il a enlevé David Wallaby, et qu'il l'a peut-être… supprimé ?

– Je te jure que c'est vrai. Jeremy, il faut qu'on s'en aille d'ici.

– Je vais chercher les clés du pick-up, a-t-elle dit.

– Je vais chercher ma mère.

– Tu crois vraiment que tu peux lui faire confiance ? a demandé ma mère quand je l'ai réveillée pour lui annoncer qu'on partait.

Elle m'a dit cela à l'oreille, en chuchotant.

– Tout ici s'appuie sur le contrôle des esprits. Il se peut qu'elle soit encore sous son influence.

– Maman, je ne sais pas du tout si je peux lui faire confiance, ai-je avoué. Et ça m'est bien égal. Je vais prendre le risque.

La porte s'est ouverte, et Jeremy s'est glissée à l'intérieur.

– J'ai les clés, a-t-elle murmuré. Suivez-moi.

On a avancé rapidement et en silence dans le long dédale des couloirs.

– Où tu vas ? ai-je chuchoté à l'oreille de Jeremy. La porte de derrière, c'est de l'autre côté.

– Il y a une autre porte, m'a-t-elle répondu à voix basse. Mon père me l'a montrée, pour le cas où il arriverait quelque chose et qu'il faille s'éclipser rapidement. Seuls lui et moi connaissons l'existence de cette porte.

J'ai hoché la tête, et Jeremy a hâté le pas. Elle a foncé vers le bloc C. On est passés devant les portes closes des celliers, devant la porte de la pièce qui renfermait le stock d'armes. Au bout du couloir, Jeremy a sorti une carte de sa poche. C'était le même type de carte magnétique que celle que j'avais trouvée dans le pick-up.

Elle l'a glissée dans la fente et a poussé la porte. Elle nous a fait entrer, ma mère et moi.

On s'est retrouvés dans une pièce obscure. On n'y voyait rien. J'ai senti Jeremy entrer derrière moi et refermer la porte.

Les lumières se sont allumées. Cole était debout au milieu de la pièce.

– On a eu un petit creux en plein milieu de la nuit ? a-t-il demandé.

23 / S-O-U-L-A-G-E-M-E-N-T

– Merci, Jeremy, a fait Cole. Il faut qu'on fasse attention à ne pas perdre nos amis.

Jeremy est allée se poster aux côtés de son père. J'avais parié, j'avais perdu.

– Je l'ai vue sortir de ta chambre, a expliqué Coleman en s'adressant à moi. Elle m'a mis au courant de tes projets de trahison.

– Trahison ? ai-je répété. Comment pourrais-je vous trahir alors que je n'ai jamais partagé vos idées ? Vous m'obligez à faire ce qui vous arrange !

– C'est ton interprétation à toi, a estimé Cole.

– Coleman, laisse-nous partir, est alors intervenue ma mère. Tu trouveras un autre moyen, tu n'as pas besoin de l'aide de Ryan. C'est encore un gamin.

– C'est un gamin qui a un fort potentiel, a repris Cole. Je ne voudrais pas que ça se perde. Il peut apporter tellement de choses au reste du monde, Allie.

– Et comment ? ai-je rétorqué. En le mettant au pas ? En provoquant des catastophes aériennes ?

Cole a tressailli. Il a tourné la tête brusquement

vers moi. J'ai compris que Jeremy ne lui avait pas dit que j'avais lu ses fichiers.

Ce qui voulait dire qu'une partie d'elle était avec nous.

– J'ai lu vos fichiers, ai-je fait. Je les ai copiés sur une disquette.

– Ça m'étonnerait que tu les aies lus, a dit Cole. Pour commencer, il te faudrait le mot de passe…

– Vieux Roi, ai-je déclaré d'une voix posée.

Cole a eu l'air décontenancé.

– … et de toute façon, on ne peut pas lire les fichiers…

– Je sais, ils sont verrouillés. Mais vous oubliez que j'ai été à bonne école. Le savoir, c'est un truc dangereux.

– Tu mens ! a aboyé Cole. Même Komodo est incapable de percer mon code !

– Très bien, ai-je fait. Si vous le dites.

Cole a respiré bien à fond pour se calmer. Jeremy a reculé jusqu'au mur. Elle gardait les yeux fixés sur son père.

– Je vais vous confier à Bud, a prévenu Cole en s'adressant à ma mère et à moi. Il vous surveillera, il s'occupera de vous. J'ai déjà pris des dispositions pour qu'on déménage d'ici. On va avoir de nouveaux locaux. Les autres sont en train d'emballer le matériel. Il est temps de partir. C'est fini tout ça.

Je ne savais plus que croire maintenant. Mais à travers la porte close, j'ai entendu quelqu'un approcher en sifflotant. J'ai reconnu l'air d'une vieille série télévisée, *Hawaii police d'État*. Ça ne pouvait être quc Bud.

Tiens, tiens, en y repensant… Dans l'alias, j'avais lu « Dano-cinquante-H » pour « Dano50H ». Mais si c'était plutôt cinq-zéro ? Le titre original de la série, c'était *Hawaii Five-0*, et l'un des personnages s'appelait Danny. De Danny à Dano…

C'était Bud l'Exécuteur !

Et Cole nous remettait entre ses mains maintenant.

– Jeremy, il ment, ai-je dit d'une voix désespérée. Bud est le type qui a supprimé David Wallaby, ou qui s'apprête à le faire. Il sait exactement ce que ton père prévoit de faire.

– Ne l'écoute pas, Jeremy ! a crié Cole.

La porte s'est ouverte. Bud est entré. Il portait une chemise hawaïenne et un Levis noir. Il s'est arrêté et nous a regardés d'un air inexpressif. Je savais que nous n'étions rien pour lui, qu'il se débarrasserait de nous comme d'un sac de pommes de terre.

– Qu'est-ce que je fais d'eux ? a-t-il demandé calmement à Cole.

– Je dois vous dire quelque chose, Cole, ai-je fait. Non seulement j'ai copié vos fichiers, mais je les ai envoyés au FBI par e-mail.

Cole a souri.

– Maintenant, je sais que tu mens. Personne d'autre que moi ne peut envoyer de courriers électroniques d'ici. Et je sais que tu n'as pas pu forcer la porte du système de connexion à Internet. Il t'aurait fallu beaucoup plus de temps.

Un point pour lui. Je pouvais essayer de le bluffer, mais il s'en rendait compte. Puis je me suis souvenu que Jeremy savait comment faire pour accéder à son programme de courrier électronique. Mais j'ai hésité. Si Cole savait ça, qu'est-ce qu'il lui ferait ?

– Fouille-le, a dit Coleman en s'adressant à Bud. Trouve-moi cette disquette.

Soudain, Jeremy a fait un pas en avant.

– Pas la peine : c'est moi qui l'aie.

Mais ce n'était pas vrai. J'avais remis la disquette dans la poche de ma chemise. Je mourais d'envie de tâter ma poitrine pour voir si le petit carré de plastique était toujours là, mais je me suis retenu.

Cole a eu l'air d'hésiter.

– Jeremy ?

Elle s'est avancée et a glissé la disquette dans son ordinateur.

– Ryan t'a effectivement menti. Il n'a pas réussi à découvrir ton code pour se connecter à Internet. Je vais te montrer.

Elle a pianoté sur le clavier. Cole se tenait derrière elle.

– Qu'est-ce que tu fais ? a-t-il demandé. C'est le code d'accès à mon courrier.

– Je sais, a répondu Jeremy.

Elle a tapé une adresse électronique. Puis elle s'est retournée pour lui faire face.

– Je n'ai plus qu'à appuyer sur le touche Entrée, a-t-elle dit.

Cole l'a regardée avec circonspection.

– Pour faire quoi ?

– Pour que les fichiers arrivent directement sur les ordinateurs du FBI. Je suis sûre qu'ils ont plein d'experts en cryptographie là-bas.

Bud a fait un ou deux pas dans sa direction, mais Cole l'a retenu.

– Non, Bud.

– C'est bien, Bud, a dit Jeremy d'une voix calme. Parce que j'ai le doigt sur la touche « Entrée ». Si tu fais un pas de plus, j'appuie dessus.

Elle n'a pas détaché les yeux de son père.

– Tu as l'air nerveux, papa. Dois-je en conclure que tout ce que m'a raconté Ryan est vrai ? Réponds-moi.

Cole a avalé sa salive.

– Il faut que je te parle…

– Tu aurais dû le faire plus tôt, a coupé Jeremy.

– Tu ne comprends pas tout, a fait Cole. Je suis un visionnaire, Jeremy. Je vois où va le monde, et il n'y a pas de quoi être optimiste. Je sais comment faire pour empêcher ça. Mais on ne m'écoute pas. Les gens sont anesthésiés. Ils regardent la télévision, ils lisent des revues débiles, ils perdent leur temps à surfer sur le Web, convaincus qu'ils sont en train de prendre part à une révolution alors qu'ils surnagent à peine ! Alors que les o-ordinateurs forment une chaîne qui nous re-reliera de manière plus complète que n-n'importe q-quelle autre chaîne forgée p-par l'homme !

La voix de Cole était sonore. Mais elle tremblait, et il commençait à bégayer.

– C'était toujours moi qui comprenais tout, a-t-il dit en se tournant vers ma mère. N'est-ce pas, Allie ? N'étais-je pas le plus intelligent ? Personne ne m'écoutait quand je disais qu'il fallait se défendre. Il fallait qu'on résiste, qu'on leur montre qu'on était juste aussi puissants qu'eux. Si la fin justifiait les moyens à leurs yeux, il fallait qu'on fasse comme eux, et qu'on leur rende coup pour coup.

– La bombe, a murmuré ma mère. C'est toi qui as fait sauter ces bureaux.

– Je ne pensais pas qu'il y avait quelqu'un à l'intérieur ! a crié Cole, les yeux brillants de larmes. Et celle de la voiture – je ne voulais pas qu'elle explose !

Ma mère a eu le souffle coupé. Il a fait un pas dans sa direction.

– Je ne voulais pas ! C'est la faute de Jack ! Le mécanisme devait se déclencher pendant qu'on était au tribunal. C'est moi qui l'avais programmé ! Il n'y aurait pas eu de blessé. Mais il a fallu qu'il prenne ce satané raccourci. Il fallait toujours qu'il suive... s-sa... propre voie ! s'est forcé à répondre Cole. Et je t'ai sauvé la vie, n'est-ce pas ? Je t'ai traînée hors de l'épave en flammes, et tu ne m'as jamais dit merci ! Jamais ! a-t-il vociféré.

Cole s'est retourné vers Jeremy.

– Tu vois, Jeremy ? Je côtoie la mort et la trahison au quotidien. Parce que j'en suis capable, parce que je suis suffisamment fort. Et je peux encaisser d'autres morts, d'autres trahisons. Parce que je suis au-dessus de tout ça. Ma mission est d'un autre ordre. Je vais sauver le monde !

J'ai entendu du bruit derrière moi. NancE se tenait dans l'encadrement de la porte, de même que Komodo. Derrière eux, j'ai aperçu Sona, Topcat et Quark, et les autres membres de la Caravane que j'avais rencontrés. Tous regardaient Cole comme s'ils le voyaient pour la première fois.

– Je connais la voie, leur a-t-il dit.

Ses joues étaient humides.

– Vous le savez. Suivez-moi. Nous formons une guilde, nous sommes à la fois le passé et l'avenir. Il faut que nous avancions. Avancez avec moi, a-t-il supplié.

– Papa, je suis désolée, a murmuré Jeremy.

Je l'ai vue appuyer sur la touche Entrée.

Cole l'a vue faire, lui aussi. Il s'est précipité vers elle en rugissant. J'ai bondi également vers Jeremy une fraction de seconde plus tard.

Mais ce n'était pas à sa fille qu'il en voulait. Il a saisi la chaise, et l'a jetée sur l'écran de l'ordinateur. Jeremy a fait un bond en arrière et m'est rentrée dedans.

Cole a attrapé un autre écran et l'a jeté par terre.

– Ce n'est pas de moi que vient le mal ! a-t-il rugi.

Il a arraché le capot d'un micro-ordinateur et a jeté la machine démantibulée à travers la pièce.

– Voilà la source du mal !

J'ai senti Jeremy me glisser des clés dans la main.

– Vas-y maintenant, m'a-t-elle chuchoté. Le pick-up est garé dans l'allée. Emmène ta mère et partez.

– Viens avec nous, ai-je fait.

J'avais du mal à me faire entendre avec les hurlements de Cole. Des éclats de verre ont jailli quand un nouvel écran a atterri par terre.

Les yeux de Jeremy se sont emplis de larmes.

– Je ne peux pas, a-t-elle murmuré.

– Mais il va s'en prendre à toi…

Elle a secoué la tête violemment.

– Non, a-t-elle dit.

Ses yeux étaient d'un bleu insondable, pleins de mystère et de tristesse. Des larmes inondaient son visage.

– Je l'ai déjà vu dans cet état-là, a-t-elle commenté.

Elle a serré très fort ma main, celle qui renfermait le trousseau de clés.

– Partez, ta mère et toi. Il risque de vous faire du mal.

Les clés s'enfonçaient dans ma chair. Mais elle a accentué sa pression.

– Je ne t'oublierai jamais, a-t-elle murmuré.

Je n'arrivais qu'à peine à entendre sa voix dans le vacarme ambiant. Mais je percevais chaque mot.

J'ai adressé un signe à ma mère, et on est sortis de la pièce. Les autres étaient tétanisés. Ils regardaient Cole détruire tout ce qu'il avait créé.

Personne n'a cherché à nous barrer la route tandis que nous remontions au pas de course les couloirs sinueux. La porte d'entrée n'était pas fermée à clé. Nous sommes sortis.

Le parfum des pins embaumait la nuit. Nous avons foncé vers le pick-up. J'ai fait une marche arrière et j'ai pris le chemin qui descendait. Je conduisais prudemment, car il y avait beaucoup d'ornières et on n'y voyait pas grand-chose. On a fini par rejoindre une route asphaltée, et j'ai continué à descendre. Au bout d'un moment, nous avons aperçu les lumières de Santa Fe en contrebas. Nous savions dans quelle direction aller désormais.

On était à mi-chemin de la ville quand nous avons entendu les premières sirènes.

ÉPILOGUE

Cole a essayé de mettre le feu au centre. La fumée noire que dégageaient les pneus était visible au-dessus des pins. Heureusement, les pompiers sont arrivés rapidement. Seule une petite partie des locaux a été détruite.

Ils ont trouvé David Wallaby dans un souterrain creusé dans la forêt. Il était plus mort que vif. Mais ils l'ont conduit à l'hôpital, et il s'en est sorti.

Coleman Felice a été condamné pour rapt et tentative de meurtre, entre autres chefs d'accusation. Sa fille, Jeremy Felice, a été reconnue coupable de délits informatiques, de même que tous les autres membres de la Caravane du millénaire, à l'exception de Sona, qui a été acquittée. Cole n'avait pas menti en disant qu'il l'avait gardée pour ses qualités de cuisinière.

Bud McDoogles a été inculpé de tentative de meurtre. Il s'est avéré que lui et Twyla avaient déjà eu affaire à la justice. Leurs enfants ont été placés dans une famille d'accueil. J'espère qu'ils sont bien tombés.

J'ai eu quelques petits ennuis avec le FBI pendant un certain temps. Jeremy n'avait réussi qu'à leur envoyer un e-mail ; elle ne leur avait pas transmis le fichier dans lequel Cole exposait ses plans. Évidemment, le FBI en avait besoin pour instruire l'affaire.

Je leur ai dit que je ne me rappelais plus très bien ce que j'en avais fait. Ma réticence était peut-être due à mon séjour prolongé au centre. Et aussi au souci que je me faisais pour ma mère. On leur avait expliqué que c'était Coleman le poseur de bombes, mais il y avait toujours des charges contre elle.

Je n'avais pas vraiment la cote auprès des agents du FBI. Quoi qu'il en soit, j'ai fini par leur remettre la disquette, et ma mère a été blanchie. Surtout après l'interview télévisée que j'ai accordée à un journal célèbre ; je décrivais mon « calvaire », et j'insistais sur le courage dont ma mère avait fait preuve en venant jusqu'au centre, alors qu'elle connaissait la folie de Cole.

J'ai écrit à Jeremy en prison. Je ne lui disais pas grand-chose. Je la remerciais simplement de nous avoir sauvés.

Elle m'a répondu :

Cher Ryan,

Merci de m'avoir écrit. Ça m'a fait beaucoup de bien. De même que notre amitié m'a fait beaucoup de bien.

J'espère que tu pourras mener l'existence de ton choix. Ne le prends pas mal, mais je préfère que tu arrêtes de m'écrire. C'est trop dur, c'est tout.

Amitiés

Jeremy.

Ma mère s'est dit qu'il lui fallait un nouveau nom pour commencer cette nouvelle vie. Elle a opté pour Grace Allison Sloane. Quant à moi, je suis devenu Ryan Jackson Sloane. Elle a repris sa vraie couleur de cheveux, qui était la même que la mienne. Sauf qu'elle avait quelques cheveux blancs, de sorte qu'elle a recommencé à les teindre.

– Dire que pendant tout ce temps, j'ai cru que tu avais les cheveux couleur d'hiver, alors qu'en fait, ils étaient couleur d'automne, ai-je dit. Pas étonnant que je sois cinglé.

– A nouvelle vie, nouvelle couleur de cheveux, a dit ma mère tandis que je l'aidais à faire les cartons dans notre maison de Caroline du Nord.

Elle avait décidé de venir vivre à San Francisco pour être plus près de moi.

– On va mener une vie normale, pour changer. Enfin, aussi normale que possible, vu qu'on sera en Californie.

A l'avenir, finis les mensonges. Finis les déménagements. On savait au moins cela. Mais on n'en savait pas beaucoup plus.

En tout cas, il y avait une chose dont j'étais sûr à cent pour cent : c'est beaucoup plus facile de faire face à l'avenir quand on a été confronté à son passé.

Loi n° 49-956 du 16 juillet 1949
sur les publications destinées à la jeunesse
ISBN 2-07-052801-4
Dépôt légal : novembre 1999
N° d'édition : 91874
N° d'impression : 48752
Imprimé sur les presses de l'imprimerie Hérissey